四書人語

遜齋題

遇上好時光

書與人的故事

陳萬雄 ｜ 著

中華書局

作者在故宮博物院研究室檢查《國寶》一書照片。

與沈從文在其府上合照。

在沈家與沈從文先生伉儷合照（1980 年 8 月）。

在沈家與沈從文先生伉儷、王予先生合照。

與陳從周先生在梓室合照。

陳從周先生墨寶。

與啟功先生合照。

何炳棣教授在慶祝商務印書館一百周年紀念學術講座上主講。

與陳原先生合照（1980 年 8 月武漢火車站月台）。

《國寶薈萃》出版後，到台北故宮博物院拜候院長秦孝儀先生。
左起：台灣商務印書館張連生總經理、作者、秦孝儀院長。

在故宮博物院漱芳齋舉辦《國寶薈萃》新書發佈會。
左起：楊新副院長、呂濟民副院長、國家新聞出版總署宋木民署長、作者、台灣商務印書館張連生總經理。

1994 年在故宮博物院舉辦《紫禁城 CD-i 光盤》發佈會。

在北京與敦煌研究院段文杰前院長和樊錦詩院長簽署出版《敦煌石窟全集》時留影。

在敦煌與樊錦詩院長（左）、段文杰前院長（中）、作者（右）合影。

在香港舉辦為保育敦煌籌款的《敦煌慈善晚會》，主持、表演嘉賓和嘉賓大合照。

總序：四書人語

「四書人語」這小叢書的題簽，是饒宗頤先生生前餽贈的墨寶。一次與饒公快婿鄧偉雄兄聊天，説到回顧平生，可不像他的多才多藝、也有跨界的功業。在我，很簡單，只在一個「書」字。一生最大的嗜好是書，一生事功也在書。偉雄兄將我這檢點平生的閒聊説給饒公聽，饒公就寫下這題簽贈我，鼓勵我以此題目寫下一生書緣。晃眼間已是十多年前的事，饒公棄世也有五年多了。思困筆拙，雜務纏身，因循未果。

近年，得香港中華書局侯明總經理、總編輯與北京商務印書館張稷女史，不約而同的約稿和督促，香港中華黎耀強副總編輯為之擘劃整理，才有此「四書人語」小叢刊的出版。

或者是天性，或是來自慈母的啟蒙，自懂事以來就喜歡閱讀，以至終身「不可一日無此君」。也很幸運，無論是小學、中學、大學和研究院，都曾遇上良師，激勵學習、啟迪做學問，俾能逐步走上求學成才的人生道路。

　　離開了學校，從事工作，只短暫做過教師，一生從事的是編輯出版和圖書業的工作；幾十年來，也擔當過一些社會、教育、社團等不同的職務，但功業的所在，主要在文化教育上。自上大學，即以從事學術研究為職志；進入出版業之後，學術研究與著述則成了業餘了。幸能一生對學問研究的興趣不減，著述不輟。

　　幾十年算是勤於筆耕的。或興趣所在的學術研究和著述，或順應工作需要的專業論評，或在刊物上發表的各式文章，為數著實不少；內中有專著、有結集、有編著和有散篇零箋。今以「問學」、「出版的人與事」、「學術雜文」與「閱讀體驗」四方面，敝帚自珍，選出覺得不失時效的文章，都成四本小叢書出版。

　　最後，在本人四書人生的路上，曾予以引導、教益，同路而行，予以幫助的長輩、同輩和後輩，在此表示無限的懷念和感激！

李祖澤序

遵萬雄兄囑，為其即將出版之「四書人語」之《遇上好時光：書與人的故事》作序，讓我有機會先睹為快。該書並非大製作，約十萬字左右，然而卻是陳萬雄先生關於出版的極為重要的著作。此書是陳萬雄先生把四十多年出版生涯的精華片段記錄，結集而成，十分可觀。可以肯定地說，綜觀現今國內外的出版大家，學識淵博、善於經營者並不缺乏，卻沒有誰能出版類似《遇上好時光：書與人的故事》這樣的佳作。

書中花了相當的篇幅記錄了作者與陳原老亦師亦友的情誼，以及陳原老對作者的影響。陳原老是現代最優秀的學者、出版家。他是萬雄兄出版的啟蒙導師。二十多年來，與陳原老的交往中，無所不談，耳濡目染，陳原老的出版理念和編輯管理潛移默化地影響着萬雄兄。不止一個朋友笑說「陳萬雄，你不單止腦袋似陳原老，連外型也有點似了」。陳原老曾說「萬雄通學術、善經營，實實在在是個奇才」，這是對萬雄兄十分中肯的評價。被「奇才」稱讚的「奇才」，萬雄兄正是陳原老後的第一人。

　　《遇上好時光：書與人的故事》敍述了萬雄兄與沈從文先生、啟功先生、陳從周先生、蘇秉琦先生、何炳棣先生及鍾華楠先生的交往；書中細述了與故宮博物院楊新副院長長達三十年的合作。上述的學者、專家都是各個領域中的景星麟鳳，一個出書的工匠不可能激發他們寫書的熱誠。借用唐振常先生談出版《中國文明起源新探》的一段話：「香港商務印書館的編輯，一是有學，二是知蘇先生之學，三是知此事之重要」，這也是萬雄兄主持香港商務印書館以來出版了大量有影響力的、有生命力的、有歷史價值的出版物的一個最好的概括。萬雄兄深知出版人的使命，他精通學術，他本身就是一個知識寶庫。他同上述的學者對學術有同樣熱愛，有着弘揚中華文明的共同心願，彼此心靈相通，達至水乳交融的境界，共同孕育出香港商務印書館一本本經典鉅著。

　　一九八〇年我親自邀請萬雄兄參加香港商務印書館的工作，見證了他從「一介書生」成長為「出版巨擘」。這也算是我對香港出版的一大貢獻吧！哈哈！如果當日「遺珠」，可能香港的出版又是另一種情況了。這是香港商務印書館開始騰飛的時期，國內的改革開放給了我們很好的機遇。這段期間，香港商務印書館在萬雄兄的組織和策劃下出版了林林總總的富有生命力的優秀出版物。萬雄兄的《遇上好時光：書與人的故事》提及了較有代表性的一批。「故宮三書」出版四十年之際，香港商務與廣西師範合作出新版，賦給圖書

新的生命。香港商務二十年前出版的《中華文明傳真》也以
《看見中國：文物裏的上下五千年》為題，由廣東教育出版
社經過增補，重新設計版式，以新的面貌出版。圖書注入了
新的生命，社會價值得到了新的昇華。

萬雄兄是一位知識淵博的學者，也是一位傑出的出版
家，更是一位精明的經營者。他主持香港商務期間，除了編
輯出版工作外，對門市的工作也抓得很緊，他很注重培養門
市的骨幹力量。他經常巡視門市業務，對於門市的書種、進
銷存的情況瞭如指掌。他主持香港商務期間，各項業務都得
以高速發展。

萬雄兄退休多年了，然而他退而不休。為了圓一個幾十
年的夢——建立一個中文的數據庫，構建一個為海外華人
子弟學習中文的平台，五年前，他與志同道合的黃景強、
王濤兩位先生創立了「鴻文館文化工作室」。經過五年的默
默耕耘，又將是「平地一聲雷」。這是一項劃時代的偉大工
程，歷史將會證明其深遠的意義。在此祝鴻文館的漢語學習
網成功推出市場，以新科技弘揚中華文化，推動中文學習。
當《遇上好時光：書與人的故事》再版時，可以濃墨重彩地
添上一筆。

李祖澤

目錄

平地一聲雷：
沈從文先生的《中國古代服飾研究》

　　我之能親近晚年的沈從文先生，緣於他的學術鉅著《中國古代服飾研究》的出版。我在香港商務印書館從事編輯出版工作，以至於今，幾十年來，持續不斷、鍥而不捨地致力於中國歷史文化和藝術圖錄的出版，乃至其後醉心於中國文明史的探索與弘揚，也是來自沈從文先生的影響與閱讀他的《中國古代服飾研究》一書的啟迪。

　　1980 年初起，香港商務印書館之出版大型圖錄，乃《中國古代服飾研究》發其端。該書出版的成功，自此確立了香港商務印書館出版大型文化圖錄的方向，隱然成為出版傳統，以至於今。關於《中國古代服飾研究》在香港出版的緣起，當事人藍真先生和李祖澤先生都曾撰文說其梗概。曾擔任港館總編輯的張倩儀女士也曾撰專文介紹。我在這裏憶述的，是親身經歷的一些拾遺補闕的事情。

　　1980 年 1 月，我入職香港商務印書館時，《中國古代服飾研究》的書稿已是編輯出版的最後階段，無緣參與編輯出

版的全過程。對出版之前的過程，略有所聞，所知不多。我
參與的是該書後期的推廣宣傳工作。我的閱讀習慣，非自己
研究和興趣專注範圍的著作，常「不求甚解」，只求得其大
要。然而，對尚未出版、亦非自己研習範圍的《中國古代服
飾研究》最後的校對稿，我閱讀多遍，細心咀嚼，甚至反覆
斟酌推敲，以求甚解。所以一改以前陋習，一，此書的課題
和內容對我太陌生了，要有個明白和了解，才可以做好宣傳
推廣的工作。二，一翻閱該書，就給迷住了。自問對中國的
歷史文化，閱讀興趣廣泛。但是，此書的課題和內容，卻軼
出我之前認識的中國歷史和文化，另有天地。我是讀了該
書，才認識到常掛在口邊「中國是衣冠王國」的歷史面貌。
以往中國人自詡為「衣冠王國」，只是人云亦云，成了一句
虛言泛語，對所謂「衣冠王國」，沒有多少實質與具體的認
識。可以這樣說，除了個別專家學者外，眾多的文史研究
者，也包括我自己，只是句口頭禪，實沒有多少了解。各種
古舞台劇上的戲服，就成了一般人對古代服飾的印象。對幾
千年來中國歷代服飾樣式的演變，編染織刺繡技術的發展，
以至圖案的特色等，都不甚了了。直到閱讀了沈老此書稿，
對所以為「衣冠王國」的中國古代服飾，才有個基本的認識
和理解。對我更有啟發的是，沈老在著作中，通過對歷代服
飾的研究，同時疏解了不少歷代文化思想、社會風俗、工藝

技術發展等不同層面的不同問題，觀點新穎，令人耳目一新，大開眼界。他的研究方法，正合乎二十世紀在西方興起、在人文學科研究上的所謂「個案研究」。以「個案研究」的方法去評估沈老的《中國古代服飾研究》，亦足可以視為研究上的典範之作。我有點不明白的是，從未留過洋、受過西方式學術研究訓練的「土學者」，生活在相當封閉、與外國缺乏學術交流的時代，如何創用了這種研究方法？我個人理解學術研究範圍廣闊，主題不一。研究者重要是能因應課題和研究內容，找到一種最適合、最有效的研究方法，不必從眾從流。簡單地從眾從流，反窒礙研究的成效。反之，能因應課題和內容，而推敲出最佳的研究和表達方法，就有創新。我相信沈老是後者，因為他是長於思考的智者。我也留意到，不僅在學術的研究，他的文學創作，其實也很講究方法。對沈從文先生這方面的研究，學者少所涉及。

　　沈老這本書，不僅是首部理出古代幾千年服飾史的發展脈絡的著作，同時帶出了不少待研究的課題和研究方法，促使了我在研讀中國歷史文化時在觀念、思路和視野上的轉換，也吸引了我對過往輕忽的中國物質文明史的傾注，從而也影響了我所從事的編輯出版的思路。

　　如所周知，「文化大革命」以來內地的圖書出版，是「萬馬齊喑」的時代。到了「文化大革命」的結束與開放的肇

始，內地學術著作的出版，除了一些考古的圖書外，個人學術著作的出版，以郭沫若的《杜甫與李白》與章士釗的《柳文指要》的面世為最早，亦最為海外文化學術界所矚目。另外就是以香港商務印書館出版沈從文先生的《中國古代服飾研究》一書，最受關注了。這種情況是可以想見的。一是長達十年之內，這樣有名聲、有學術地位的學人終有新著面世，自然先聲奪人。尤其沈從文先生的新著，課題新穎鮮麗，如出水芙蓉，子綻吐芳，讓人驚艷。何況是一本煌煌圖文並茂的鉅冊。其次，解放之後，作為近代有數的著名文學家的沈從文先生，在大陸、在台灣，都打入別冊，沉寂了好幾十年。「文化大革命」一結束，沈先生不僅有新著出版，而且是一部讓人一新耳目，也出乎人意表的著作。不是文學的創作，而是歷史考古學的範疇，所以更受人矚目和議論了。

　　《中國古代服飾研究》出版時，我只是一個新進館的編輯，對其時香港商務印書館的財務和經營狀況，所知甚少。但在短短的工作日子裏，也感受到，以當時館內的經營條件和人力物力，出版此書，真是傾盡全力而饒富魄力的大事。此書不僅部頭特大，而且圖文並茂，裝幀設計與印刷包裝的華美，在當時的中文出版界，可算是一時無兩。

　　我參與該書出版的推廣工作，主要是撰寫推介文字、組

織學術座談會等。商務為此並舉辦了一個有份量的學術界座
談會。憑記憶，出席座談會的學者可不少。有中文大學牟潤
孫教授、王德昭教授，香港大學趙令揚教授等，還有不少大
傳媒人。無論在座談會還是會後的飯局上，與會者對此書討
論得很認真，很熱烈。與會者各以不同的專業角度，充分肯
定了沈老此著作的創新、創見、水平、成就和價值，也提出
一些意見和建議。其中印象最深的幾項討論意見，我還記得
住。譬如說，精研中西交通史的業師王德昭教授，以沈著中
提到琉璃的出現和性質問題，特拈出以說明沈著所涉及文化
問題的廣泛，發千年之瞠。另有意見說到，該書的著作體例
有點不純，結構也有些奇怪。本人在閱讀校對稿時也有同樣
的感覺，並質疑館內編輯部未做好編輯工作。對這個問題，
著作者沈先生不在現場，我們也無從作答。書出版後，我到
了北京，沈老對座談會上的反應很關心。來京之前，我們陸
續寄上座談會及其他傳媒報道的材料讓他了解。說到座談
會，我也以在座者的身份，向他描述了與會者的反應和討論
的問題，當然也說及該書的結構和體例的問題。在這方面，
沈老向我作了解釋，才曉得其中的緣由。他說，該書所以命
名為「研究」而非「概論」、「綜論」的，是由於該書的內
容並非一本完整的中國歷代服飾史，而是一本順着歷史時
代，對中國古代服飾的專題研究的專著。著作除了討論服飾

問題外，亦是透過與服飾相關的文學、文化、藝術以至歷史
上諸方面問題的討論的專題結集。在報章上我寫了一篇推介
文章，還記得是以〈博大精深〉為命題的。幾十年過去，當
時用「博大精深」命題，並無誇大。至於對其體例不大完整
的質疑，是出於誤會。日後，與沈老最得力、最親近的研究
助手王予先生和王亞蓉女士交往日密，才清楚沈老原有一個
龐大而系統的「中國服飾大系」撰寫出版計劃，所出版的
《中國古代服飾研究》，只算是這個大系的提綱挈領的序篇
而已。

　　不過，從學術著作和編輯出版的嚴格要求，全書的結構
確存在不完整的地方。日後洽談出版外文版的時候，對方屢
有要改動一些結構的要求。我們轉達了他們的意思，沈老就
是不同意。在那個年代，中文圖書能出外文版的，真不容
易，有這種機會而出版不了，我們有點納悶。若干日子後才
了解，《中國古代服飾研究》原稿的結構，是 1960 年代初，
周恩來總理看過的，並批示可以出版。沈先生為感懷周總
理，一直要求保存原貌出版，不願作任何的改動。幾十年
前，從舊歷史階段轉過來的老知識份子，對周恩來這種真摯
的心情，或許不是現在的人所能理解的。

　　時光荏苒，事過境遷，現在可以説出另一個啞謎。沈老
這本書出版了，當時各方面都奇怪香港商務印書館何以不邀

請他老人家親到香港會會文化學術界朋友，甚至有責備之意。據我事後了解，本館曾做了多次申請，努力爭取，可惜都不獲批准，不知環節卡在哪裏？主持者不想挫傷剛恢復社會活動的沈老的心情，讓他失望，只好捂着不說。那時候剛開放，這些難於理解的事情時有發生呢！

為推動「中國服飾大系」的研究，中國社會科學院歷史研究所為沈先生他們成立了一個「中國古代服飾研究室」，地點設在朝內大街吉兆胡同的一座四合院內，但只佔整座四合院的前、後兩廳房，兩邊廂房另有人家。據說這座四合院原是民初北洋軍閥段祺瑞管家故居。即使沈老去世，這裏長時間仍然是他的助手、著名考古專家和文物修復專家王予先生和王亞蓉女士從事研究的辦公室。說到這個地方，也是我到北京公幹幾十年跑得最頻密、亦是最難以忘懷的地方。

沈老在世時，我們總是到他府上拜訪他。記憶中從未在其他的地方，也未一同往外用餐。只一次，我們分別晚飯後，齊集在四合院的內廳房。沈老親自來到這裏，為我們一眾講解新出土的戰國江陵楚墓的文物幻燈片。這座戰國楚墓的發現，很轟動。最突出的是出土了大量的服飾。王予先生和王亞蓉女士都是參與發掘的重要人員，所以有第一手資料。沈老一張一張的為我們解說，娓娓道來。令人驚艷的出土文物，沈老深入淺出的解說，對我來說，不僅大長知識，

大開眼界，在學術認識上，有如醍醐灌頂，明白到中國歷史和文化另有天地，不是我熟知的。在歷史上，楚國雖然立國有七百年之久，跨越了東周末年和春秋戰國時期。在戰國之前，相對中原諸國，被視為野蠻之國；在戰國，雖列為七雄之一，留下的歷史印象總是文化上的後進國。經沈老一說，才豁然明白了代表「南方之強」的楚國，其文化之發達，楚民族和楚文化在建構日後的中華民族和中華文化上的重要性，是被低估的。自此，對如何研讀中國歷史與文化，開了竅，張了眼。講解時，沈老全情投入，充滿激情，濃厚的湘西鄉音，聲調鏗鏘有致，至今仍印象難忘！日後，每次探訪中，聽他講及鄉土種種，他的神情和聲音，總是如此，眼睛閃爍着光芒，照射過來，耀着希望你會明白的期待，讓人不難感受到，他對楚湘鄉土和文化的熱愛和感情的真摯。這種熱愛和感情的真摯，既見於他的文學作品，也見諸於他的文物歷史的研究。

　　王予先生和王亞蓉大姐為了完成沈老定下的「中國服飾大系」，無論沈老生前到去世，始終全力以赴，這種對學術、對沈老遺願無咎無悔的精神，感動了我。譬如，中國各地有新文物遺址的挖掘和文物出土，只要牽涉及服飾，他們兩人都會憑着他們在古代服飾上的學問和整理出土織繡類的「絕藝」，不辭勞苦的趕赴各地「做義工」。一方面固然

出於學術職責所在，一方面也是為了能親身現場參與，以及取得出土有關服飾的第一手材料，以備研究之用。當時「服飾研究室」的經費相當拮据。為支持他們的研究工作，香港商務雖然百廢待興，經濟並不充裕，我們也不時提供攝影菲林等費用，並答允立項，如果書稿完竣，承擔出版。現在想起來，當時的動機，商業考慮不大，為的是協助完成這項在中國文化上的偉大學術工程。我的前任總經理李祖澤先生與我，在重要的學術文化的出版項目上，都有相同的傾向，以學術文化的價值放在第一位。待接了手要安排出版了，才竭盡心力考慮如何在經營上操作，能取得良好的經濟效益，至少可以持平。從事文化出版，這種考慮其實蘊藏着一種出版業的本質和經營道理。早期的《中國古代服飾研究》，其後的《紫禁城宮殿》、《中國中草藥圖錄》（14 卷）、《姑蘇繁華圖》、《中國歷代染織繡圖錄》、《中國地域文化大系》（6卷）、《故宮博物院藏文物珍品全集》（60 卷），以至《漢語大字典（電子版）》等等的出版，無不先考慮其在學術文化上的價值。且各時期的各項大出版的工程，都是在經濟上勉為其難的情況下去啟動的。這種出版思路，似乎與商務印書館前賢的出版傳統，一脈相承。企業文化的傳承，自有其自覺與不自覺的影響在。

自 1980 年 8 月我首次赴京，乘便並辦點什麼事，到沈

老府上拜候，這是認識沈老之始。翌年，因出差上京，剛逢《中國古代服飾研究》新出版，遂由我帶上四部樣書交付給沈老。自此直到他的去世，或公事或探望，每次到京，總到他府上拜候聊天。記憶所及，談的都是文化學術尤其是考古歷史的事情。有時或及時事新聞，話題也離不開文化。沈老的湘西話不容易聽懂，幸好每回拜訪，總是王予先生和王亞蓉大姐陪同，有他們在旁做翻譯和解說，才能常一聊好幾個小時。

《中國古代服飾研究》在香港一出版，立刻引起國內外文化學術界的關注。由於剛開放，銷聲匿跡了幾十年的沈從文先生，研究他的文學的學者或服飾研究的同行，總是透過我們與沈先生聯繫的。如日本著名中國研究學者丹野郁等，都透過本館，與沈老聯繫上的。又如後來以著有《沈從文傳》而聞名的美國金介甫教授（Jeffrey Kinkley），先來到香港，與我們接上頭，再安排到北京會晤沈先生的。美國著名的《國家地理雜誌》，有一期主題是關於亞洲絲綢技術和生產的專號，也是先到香港，向我們了解了情況，並為他們作先容，再多次到北京訪問沈老和王亞蓉等。

日本著名中國近代史和近代文學學者藤井省三，撰寫專文評論沈從文先生，特別討論到他的《中國古代服飾研究》，說：「他的序言，貫透全文，表現了旺盛的實證研究

精神，對中華文明有着無限的戀惜。」並說：「對沈從文來說，《中國古代服飾研究》和《邊城》等小說一樣，優美而健康，且滿溢人性地刻畫了悠久的中華文明的時空。」

　　學術界以外，書出版後引起中外出版界的垂注，也是很自然的。香港出版不到二個月，台灣已有盜印本出版了。我們買了盜印本，送上北京給沈老，我們也想辦法與盜印的出版社交涉，不得要領。當時兩岸三地未開通，這種盜版情況很普遍。為台灣盜版事，沈先生有過來信訊問，我們亦如實奉告。但幾十年後，看了北京商務版的《沈從文晚年口述》一書，沈先生給作者的信中，曾大段的說到台灣盜印本的問題。由於對外隔閡太久，信內的不少猜測，當然是不了解情況下的想法。八十年代初之前，港台盜印流行，他們不了解而已。盜版的斷絕，是往後中文出版走上現代化的其中一項標誌性的進步。

　　當時的中文出版界，與國際出版界來往甚少，版權買賣更少。風聞沈從文先生《中國古代服飾研究》的出版，歐美和日本的出版社紛紛透過不同渠道，要接洽出版。但考慮到外國讀者的閱讀可能，也考慮翻譯古文的困難，都提出出版簡約本。基於能出外文版，可作文化交流，我們很願意促成其事。為此我去信或當面反覆向沈老解釋說明，可惜沈老卻堅持要按原版的面貌出版而不果。直到沈老辭世後的 1991

年，沈夫人張兆和先生曾給我信，說日本里文出版社擬翻譯出版。這出版社從未聽說過，亦不知意圖，最後亦未有信息。

若干年後，一次在參加台北的書展，瑞典著名漢學家，亦即是推薦沈先生為諾貝爾文學獎候選人的馬悅然教授，特別託台灣文化記者、就是他現在的夫人陳文芬女士，約我午茶聚談。馬教授約我的目的，是他策劃找人資助和翻譯《中國古代服飾研究》一書，翻譯好後希望香港商務印書館能出英文版。聽了，我一口答應。為了此事，馬教授熱心的奔走了好幾年。在香港和其他地方，都曾多次約見商談此事。最終，或因翻譯太難，或有其他原因，未能成事。在與馬教授的交談中，他一再表示，他很讚賞沈從文先生的文學天份和成就，亦因得獎即將公佈前，沈先生溘然而逝，未能因他的推薦成為第一個獲得諾貝爾文學獎的中國人而留下無限的遺憾。諾貝爾獎的規定，獎項是不頒予過了世的人的。

由於《中國古代服飾研究》出版的結緣，此後香港商務再出版了《中國古代服飾研究（增訂本）》、《龍鳳藝術》、《沈從文文集》等著作。又出版著名考古學家王㐨先生的《日偽時期煤礦坑的故事：山西煤礦萬人坑發掘記事》，王亞蓉女士的《中國民間刺繡》和《從文口述：晚年的沈從文》等。這些著作都是香港商務首先出版的。順便一提，由於出版了

《中國古代服飾研究》，香港商務接連組織出版了《中國服飾五千年》、《中國染織繡圖錄》等大型畫冊。連帶以上的《中國民間刺繡》，可以說在八十年代，香港商務印書館是中國古代服飾和織繡一類題材出版的開拓者。

沈老生前，對香港商務印書館開闢了有關中華文化圖錄的出版取向，時常予以鼓勵和讚許。在多次談話中，應該是他中風前的事，關於出版圖文並茂的文化圖錄，說了他的一些意見。記得起歸納起來，他的意見是：一，今後中國的歷史文化的研究，應該重視文獻和實物的結合。這種意見，今天學術界是很認同的，四十多年前，這種說法和做法，並不多見。結合文獻歷史和考古文物的歷史文化類的出版物也很罕見。其次，沈老老叨念地說，結合圖錄的著作和出版，甚至關於中華文明的著作和出版，遠比外國落後，要趕快追上去。他常慨嘆日本人很懂得利用中國的出土文物去研究，去寫作，去出版。再是，沈先生屢屢強調，中國文物實物的研究，不僅可增強學術的研究，同時可以古為今用，促進新的生產。沈先生以上這種論調，翻閱他的著作，在五十年代，已曾反覆強調。人類踏入二十一世紀，各國各地最流行倡導的一種新產業，是「文化產業」，認為歷史文化是文化創意的重要資源。如此看來，沈老在這方面的考慮和發言，整整領先了半個世紀。不能不讓人佩服！

　　由於我們在八十年代初，與北京故宮博物院成功合作出版了《紫禁城宮殿》和《國寶》等大型畫冊，沈老多次語重心長的對我說，希望我說動北京故宮，一同合作有系統地出版故宮的藏品，以公諸於世作研究之用，並以饗社會大眾。在世紀之交，北京故宮與香港的商務印書館終於完成了《故宮博物館藏文物珍品全集》（60卷）龐大文化工程的出版。相信可以告慰沈從文先生的囑願了。

原載王亞蓉編著：《沈從文晚年口述》（增訂本），
北京：商務印書館，2014。

照我思索　可認識「人」
——對沈從文先生的片斷回憶

　　從 1980 年 8 月認識沈從文先生，到 1988 年他去世，整整八年間，每次我到北京，大都會約同沈從文先生的親密助手王㐨先生和王亞蓉女士登門拜訪。八十年代初中期，我的主要工作是編輯事務，上京的次數固然多，每次停留的時間也較長，常有機會去拜候沈先生。上了沈家，不管有事無事，談正事還是閒聊，總耽擱好幾個小時。當時不懂得珍惜，未曾記下來，所談內容不免淡忘了。但是一些記憶還是深刻的。

　　頭一回見到沈從文先生，就令我感悟了文學的本質。

　　首次上京，其中一項工作是將剛剛出版的《中國古代服飾研究》樣書帶給沈先生。在王㐨先生和王亞蓉女士的引領下，來到前門東大街的沈家。一進門，穿着便服的沈先生從廳中的床沿上下來，一邊忙着找他的布鞋，一邊忙不迭向我們打招呼。團團的臉滿綻着笑容，神情稚樸而帶點腼腆。說話輕輕的，不帶一點酬世味道。倒是濃厚的湘西鄉音，要王

亞蓉女士穿插着説明。王女士説明時，沈先生總是含笑望着我們，眼神帶着感情，神態活像個稚童。

　　面前大名鼎鼎的沈從文先生，給我的最初印象：純真、誠摯、和悦、自然。刹那間，「大人者，不失其赤子之心」一句古話，從心裏蹦跳出來。作家與作品間連帶着的文學本質，似乎一下子也透露出來。日後，與沈老接觸多了，讀他的著作多了，了解他也多了。到現在，要概括我對沈先生的認識和感覺，還是初見時所得「赤子之心」的印象。人的直覺有時很玄妙，也很準確。在此以前，沈先生的文學作品，我讀得不多，興趣也不濃。關鍵是對他的文學思想境界認識不深，不懂得欣賞文學作品似平凡中的卓越、似平淡中的波瀾壯闊的道理。自己的興趣是近代思想，連帶對近代文學的認識，總傾向從史學的角度去閱讀、去理解，這是唸歷史的癖性。不自覺地，也對文學性質的理解變得狹隘了。

　　一個生長於湖南邊陲之地，整日與大自然打交道的野孩子，青年時代混跡於龍蛇混雜的軍旅；忽然靈光閃動，隻身遠闖人文薈萃的北京，浪跡於文學園地。三十歲後名氣漸顯，奠定在文壇的地位。中年由作家而晉身大學教壇，一身而兼作家、教授和文學刊物主編多職，享譽日隆。1949 年後打入另冊，離開文壇，擔任故宮博物院的文物講解員，用他的話説，就是「在午門樓上轉了十年，學了十年」。幾十

年陰晴不定的政治空氣下，他長時間絕跡於文學界和教壇，苦心孤詣，自甘寂寞，從事文物的研究。這樣曲折的人生過程，這種甜酸苦辣的閱歷，在沈先生的行止容貌上，竟然沒有留下任何應有的世故和滄桑的印記。年過古稀，仍然一派純真，真是不可思議。這種純真，沒摻入一點造作，又不同於長於富貴、少不更事、不通世務的天真。沈從文先生保持着的，原是一顆赤子之心。

頃刻間，我明白了，只有這樣性靈的人，才會成為頭等的文學家。沈先生頭一回給我的感覺就是一個天生的文學家。舉止以外，他談事情總像講故事，娓娓道來，引人入勝。幾十年間，見過不少不同的文學家，再未有人給我留下近似的印象。想像中的曹雪芹，也應該是「大人者，不失其赤子之心」的人，才會飽歷世變滄桑，窮途潦倒，仍意氣岸然，鍾情山水，遊於眾藝，才會寵辱不驚，成就《紅樓夢》這樣的人性刻畫深刻而仍滿溢性靈的偉大作品。

八十年代開始，我猛然醒覺，研究中國歷史和文化別有天地，自此躑躅尋覓，至今不休，沈從文先生便是啟蒙者。

我參與沈先生的《中國古代服飾研究》一書的出版，已是後期的工作。中國向以「衣冠王國」自居，但是，不要說普通人，縱使人文學科研究者，對幾千年的衣飾流變，各類織染技術、紋樣藝術，可以說是不甚了了。《中國古代服飾

研究》的具體內容和見解，不僅讓我大開眼界，而且，該書主題雖云研究中國歷代服飾，涉及的卻是中國文明史的方方面面。沈先生通過服飾的研究，同時疏解了中國文化上不同層面的諸多問題，提出眾多令人耳目一新的見解。該書對我最大的衝擊，是啟動我轉換研讀中國文化歷史的觀念，領悟了「雖小道亦有可觀焉」的道理。一直以來，我們所關注的文化史，其實是中國學術思想史，或者是中國哲學文化史，而非能籠罩精神文明和物質文明，全方位揭示文明進程的文化史。

　　與沈老聊天，時時可聆聽他從物質文化方面去認識中國文明的見解。現今仍清楚記得，大概是第二或第三次見沈老，晚飯後，在他們位於朝內大街吉兆胡同的研究室，沈先生聯同王㐨先生和王亞蓉女士，為我們幾個門外漢，透過投影器，演示剛剛挖掘出來的江陵戰國文物。當晚，沈老興致勃勃，為我們解說。他的全情投入，相信就是十年故宮午門上作講解的樣子。雖然我對文物的認識仍是模糊，但因沈老一晚的講解，對春秋戰國時期楚文化的發達，對楚民族與楚文化構成日後中華民族和文化的重要，印象深刻。中華民族和中國文化如何摶成又如何壯大的問題，自此在我腦中縈繞。

　　當晚與沈老的不少對話，都記不住了。其中一問一答倒

還是記得清清楚楚。我問沈老，何以衣飾紋樣，在戰國時期的楚，其藝術已臻這麼高的水平？沈老回答，這樣的服飾紋樣的設計者，不是日後我們所理解，是出於一般工匠之手，而應是出於當時的高級知識階層，是當時文化藝術的最高表現。看過了楚的衣飾圖案，聽了沈老的話，我衝口而出說，我們以往讀《史記》「楚雖三戶，亡秦必楚」一語，曾理解為楚人有着南方之強的特性，有復國的決心，強調勇武。現在才明白，這句話的背後原來是文化的自信。這樣的一個晚上，真是當頭棒喝，從而使我理解到中國文化史絕不囿於文獻，絕不能局限於文化哲學的範圍，而是自有更寬廣的天地。這是啟牖我日後走上要從物質和藝術文物等諸方面，要從眼所及的事物和山川環境，去認識中國文明的途徑。這是一種觀念上的開竅。我們檢閱沈老的著作，自五十年代，他已不斷著文倡導「用文物知識和文獻相印證，對新史學和文化各部門深入一層認識，才會有新發現」，「五百萬卷書若沒有人善於用它和地下挖出來的，或始終在地面保存的百十萬種不同的東西結合起來，真的歷史科學是建立不起來的。」（〈文史研究必須結合文物〉，1954 年 10 月）

同時，沈老竭力鼓吹「古為今用」，要讓文化藝術普遍深入社會大眾，以讓傳統文化藝術轉化成新工藝。他這種種見解，放諸五十年後的今日，依然振聾發聵。與沈老談話內

容雖多淡忘了，但是如何保護好中國文化，如何令中華文化藝術讓更多人認識，一直是沈老所關心的話題。

　　沈老是近代中國最偉大的文學家之一，同時也是一個卓越的學者。大多數人關注他由文學轉向學術的理由，但我個人更重視兩者間他在思想精神上的匯通：對人的自然生命、民眾真實生活的終極關懷，對根植於生活的思想感情和文化藝術的執著。從這裏，我們就容易理解他自撰墓誌銘「照我思索，能理解『我』；照我思索，可認識『人』」的含意。

原載《明報月刊》，2002 年 12 月號。

《從文口述——晚年的沈從文》
——代序

　　自 1980 年認識沈從文先生，至 1988 年他辭世的八年間，每次進京，大都會聯同王㐀先生和王亞蓉女士，到沈家拜候老人家和沈夫人。不管有事無事，談正事還是閒聊，總耽擱上好幾個小時。八十年代初中期，專職於編輯出版事務，赴京次數較頻繁，每回逗留時間又長，親炙的機會自然多。我很懷念這一段日子，也視之為一生很寶貴的際遇。倏忽間，沈老去世也十五年了，但 1980 年初次晉謁沈老的情景，仍然記憶鮮明；當時蹦跳入腦海的「大人者不失赤子之心」的形象，也不因時間、人事的變遷而磨滅。

　　沈老晚年的二十年，在工作上最親近的自是他的兩位助手王㐀先生和王亞蓉女士。沈老生前死後，我與他們兩位一直是很親近的朋友。從他們日常談話中，我獲悉更多沈老的事情，增長我對沈老的認識。或者是出版人的習性，我總勸他們寫下來。他們兩位都是很低調的人，也基於對沈老的尊崇，而有過多的顧慮，盡量不願因文字而惹起不必要的是

非。我認為名人首先是屬於他自己的，其次是屬於歷史的，但在容易生是非的社會，心性善良的人有這種顧慮，可以理解。

王㐨先生因病過早去世，是中國考古學界的一大損失。他厚積未發的方方面面的學問，隨身而逝，令人惋惜。作為沈老晚年最親近、最信賴的學術助手，追隨沈老三十年，如果王㐨先生能寫下長年在生活中的親炙以及在學問上的請益琢磨，不用說，將會是了解和研究沈老晚年的重要文獻。我作為一個歷史研究者，深信其歷史價值，更感到這種損失無可補償。於是轉而「壓迫」王女士。每次上京見面，苦口婆心，敦勸她整理與沈老在出差時的談話錄音，以及她對沈老的回憶，結集出版。為此甚至「責」以為歷史負責的大義。近年，王亞蓉女士屢為疾病所纏，甚至有過生命危險，終了悟及時行事的重要、為歷史留下記錄的迫切程度。今年是沈從文先生百年華誕，為懷念沈從文先生，終於編寫出版這本書。簡單說明其中緣起，以為序。

原載王亞蓉編：《從文口述 —— 晚年的沈從文》，
香港：商務印書館，2002 年。

吉兆胡同東巷 3 號：
歷史不能忘記

　　吉兆胡同東巷 3 號，是北京舊城內一棟不起眼、少為人知而且相當破舊的小四合院。現在已經拆掉了。對我個人來說，卻很可懷念！

　　讀過關於北京胡同和四合院的文學作品和回憶錄，乃至上世紀七八十年代，曾躑躅於一仍留有舊貌的胡同和四合院的我，對北京這種舊城情調，是有些留戀的。人，總不免有懷舊的情緒。

　　吉兆胡同是城中心朝內大街上的一條小胡同。東巷 3 號原是大軍閥段祺瑞買給管家的私宅，距此宅不遠，往東幾百米的一所大宅院就是「老段府」。1980 年第一次來到北京，就認識了沈從文先生的研究助手王㐨先生和王亞蓉大姐。自此，每次抵京，或自己，或與同事朋友；有事無事、公事私事；或日頭、晚間，總要來到這裏盤桓好幾個小時。這棟不起眼的破舊小四合院，原是中國社會科學院歷史所的「中國古代服飾研究室」的所在地。由於社科院大樓房子不夠用，

新成立由沈從文先生主持的「中國古代服飾研究室」就放在屬於社科院的一個四合院宿舍內。研究室自 1980 年搬入，2001 年遷出。整整的這二十年，正是我常往來北京，專心從事編輯出版工作的一段日子。北京，是文化出版資源最豐富的地方。所以那段日子，來京頻繁，而且每回逗留時日也較長。吉兆胡同東巷 3 號，成我常到的落腳點。

「中國古代服飾研究室」是由沈從文先生創辦和主持的。主要研究人員，是沈先生最重要、最得力的助手王予先生和王亞蓉女士。研究室只佔小四合院的兩間居室，其餘仍是宅居。辦公室的兩室，一在正廂，一在大門的西偏房。所謂辦公室，簡陋得很，沒有什麼設備。最佔地方的是放置研究資料和文件的木造大櫃，其餘是簡陋的書櫈和木椅。多幾個人在，就顯得擠迫。四合院另外一些廂房住有人家，王亞蓉大姐與一子一女的一家三口，分住院內的一個房間。孩子很懂事，不管我們說事談天，都不會打擾我們，只留在自己的居室內。小小的院井，推滿了雜物，還種上了幾盆盆栽和一些攀爬的植物。四合院本是北京城最有風味的建築，即使是如此普通簡陋老百姓過日子的四合院，仍散發出北京的風情。

上世紀八十年代初的北京城，市政簡陋。每到傍晚天黑，大街小巷昏暗得很。晚飯酬酢後才趕去東巷 3 號，午夜

才回酒店，沒出租汽車，公共交通也疏落，習慣着摸黑走路。從吉兆胡同拐入東巷，首先經過一座有土圍牆的四合院，聽說這是名作家王蒙先生的居所。深夜還亮透出燈光，也許王先生仍在伏案寫作吧。

研究室，從文先生來得少，年事已高，多在家。有大小事，總是王予先生和王亞蓉女士往沈家走動。我們有事或純粹探望，也多由二位陪同到沈府的。最難忘的一個傍晚，沈老親到四合院，以幻燈片為我們幾人解說新發掘的長沙戰國楚墓的織品。這是轟動世界的考古發現。北房太小，幻燈機擺放在廂房門外，我們一眾集擁在門外的院子上聽講的。這回幻燈片的播送與沈老的親自解說，是我對「文物的中國」，或者說對「文明的中國」的一次啟蒙，使我從文獻的中國歷史和文化的研究中擺脫出來，自此懂得兼顧文獻和文物，去研讀中國歷史文化，日後才會對中國歷史與文明有新的解悟。

《中國古代服飾研究》出版之後，沈老辭世，我們仍繼續推動兩王完成沈老「中國服飾大系」的宏願。可惜此文化工程因王予先生的病逝而無法完成。不過，《中國古代服飾研究》的再版和修訂版，都是在這四合院談定和完成的。王亞蓉女士的《中國民間刺繡》，也是在這裏談定出版的。與《中國民間刺繡》同一叢書的《北京哈氏風箏》，也是在

這裏談成出版的。如果不嫌説得過分，這簡陋的吉兆胡同東巷 3 號，卻是日後研究中國服飾文化華章的發源地──重現「衣冠王國」的華采。

在這裏，王予先生和王大姐之外，也不時約聚一些文博界專家學者，談的也多是文物博物的事，策劃出版的也多是這方面的圖書。只有一本圖書是例外，是忘不了的一個記憶。

約在 1994 年吧，有回來到了吉兆胡同東巷 3 號，談話間，王予先生拿出一大包封塵的舊照片讓我們看，記得同事張倩儀小姐也在場。這批照片就是在 1995 年，香港商務印書館為紀念二次世界大戰結束五十周年而出版的《日偽時期煤礦坑的故事：山西煤礦萬人坑發掘記事》所用的照片。我們一面翻看着照片，王予先生一如往日，語調輕柔的在旁細説其中的來龍去脈，並為一些照片作解説。我一邊看着，一邊心裏在發毛，一生從未看過如此恐怖殘忍的照片。一句話：「不忍卒睹！」王先生説，這是「文化大革命」他躲過了批鬥的一次特殊的考古任務，這也是讓他常在夜裏作惡夢的一次考古經歷。他説，這批照片擺放了近三十年，沒有出版社願意出版，並説近年唱好中日友好的調調，相信更難有出版的機會。一段實證如山的日本侵華罪行，怕自此失掉，自己成了歷史的罪人。最後，他猶疑的探問，香港商務印書

館可會考慮出版？雖然我不願再看一遍這批照片，太恐怖、太殘忍了、太惡心，看了心頭發悶。但是，我卻斬釘截鐵的告訴他，香港商務印書館一定會出版。「歷史不能忘記！」這是一種歷史責任，何況要慰藉枉死同胞的亡靈。這批照片，是由比我早返港的張倩儀小姐帶回香港並主持該書出版的。書出版後，照片一直保存在香港商務，直到 2005 年抗日戰爭勝利六十周年，才應王大姐的要求，沒何計較的全數送回國內出版，並將照片留在博物館中收藏。二戰後，細菌戰的實驗演化為生化戰的實驗，到今日，生化戰的陰影一直籠罩着世人，戰時的日本是始作俑者，這批照片和出版的圖書是鐵證。所以此書的出版與此批照片的得以保存，歷史的意義並不少！

原載《讀書雜誌》（香港：三聯書店），第三期，2022 年 5 月。

道不遠人
—— 我認識的啟功先生

一、結緣

啟功（元白）先生逝世已三年了，心底一直懷念着他，他的音容依舊鮮明的留在我的腦海中。啟先生在一般人看來，説不上有什麼偉大的功業，他之被社會普遍認識，是他的雅俗共賞的書法。於我，自認識並得親炙他不久，內心就認定他的道德文章可為後世範。

我是 1982 年認識啟功先生，到 2005 年他歸道山，交往逾二十年。承他老人家不棄，作為晚輩，二十多年間，來往不斷，算是親密的。啟先生逝世三年來，我竟未撰隻字紀念和懷念他，實有負啟先生生前的關愛，內心一直自責與不安。因讀書會邀請演講，我遂以啟先生為題，多少有贖愆的私心在，也是內心的驅使。我向來寫懷人文章，不全在只記述私人間的交誼，而重視能將其人的道德文章和行誼之可傳的，就所見所聞所感，發為文字，啟牖來者，以期有益於社

會人心。世道滔滔，人心惟微，人類社會的發展，雖起伏動盪而始終不墮，文明的推進雖踟躕曲折而始終向前，其中多少實有賴不同時域、不同人物流傳的亙古不滅的人性光輝和文化靈光，照耀不熄的結果。就我認識的啟先生，在當世，其行誼確有可述可傳者。

　　我與啟老的結緣，先是師友緣，再是書緣，之後成忘年交了。1982 年啟老第一次來香港，我應業師牟潤孫教授之召，陪他到酒店拜候啟先生。我專業唸的雖是文史，於啟功之名，略有所聞，卻無甚了解。一方面，我讀的是歷史，加上學殖單薄，對啟先生擅勝的文物藝術和語言文字學，少所涉及，連帶對相關的學者和專家認識也不多不深；另一方面，啟先生中年坎坷，因打成右派而列入別冊，沉寂不聞於世相當時日也有關。牟師與啟老同是近代史學大師陳援庵（垣）先生的弟子，是同門師兄弟，情誼非淺。在〈平生風義兼師友——懷龍坡翁〉一文中，啟先生曾說：「我在二十一、二歲『初出茅廬』時，第一位認識的朋友是牟潤孫先生。」（《啟功叢稿・藝論卷》，中華書局，2004 年，頁173）在另一篇〈讀《靜農書藝集》〉一文，他更深情的追憶說：「回憶我二十一周歲『初出茅廬』，還是一個幼稚的青年時，到輔仁大學附中教初中一的『國文』，第一個認識的，是牟潤孫先生，第二個認識的，即是臺靜農先生。對我

來說，他們可真算『平生風義兼師友』。」(《啟功叢書》，「題跋類」，頁 364) 那次隨牟師會晤啟老，也是我頭一次的認識。他正在酒店房間的小燈桌上畫畫酬世。他們師兄弟寒暄過後，牟師即說：「元白，您在寫畫，也寫一張給萬雄吧？」啟老聽了二話不說，就放下先前寫的畫，問我要畫什麼？當時我感覺突然也很茫然，不知所措，腼腆得很，不懂得回話。啟老也不再問，揮筆給我畫了一叢朱竹。啟先生這張畫是我受書畫家贈餽的第一張畫，二十多年來一直掛在家中，未置換過。自此而後，承牟師囑咐，每回到北京，定要代他拜候啟先生。為弟子者，為老師服其勞，在我們這一代，尚視之為理所當然的。最初幾年，每到北京赴北京師範大學住處拜會啟老，成了我應盡的責任。啟功先生也會隨時接見，自是他與牟師的交情的關係。

　　與啟老認識後，我服務的香港商務印書館在 1985 年出版了他的《論書絕句》，1991 年出版了他的《漢語現象論叢》，這兩書日後在內地都一再出版，初約稿和初版是在香港。前一本書邀稿的是李祖澤先生，李先生為此並寫過一段小掌故，以表彰啟老的尊師重道。後一本書的出版是我向他約稿的。因為我拜讀他的一些討論漢語語法的文章，再在他府上座談間，聆聽他對漢語語文特性的一些看法，雖然在漢語這門學問我少所認識，憑着出版人的職業敏感，覺得他對

某排先生賜鑒：遠教又多日矣，閣念殊殷：承陳志、杜作討論漢隸
之意甚，蒙　鼎力彙成小冊，使霞韻蒼章，得以傳布，盛意之忱。
此尤可愉！更有進者，最迅我校中文系為此事開一研討會，對於史
中論點，肯定甚多，幾乎以肯定為主旨，使弟慚愧莫名。因
考此地係遠來廣，旁聽者無霞取得，來賓中有北京中華書
局之人，提議由弟先出一重印本以應急需。弟感
先生盛誼出此集冊，妨令弟散生影響，飲水思源，莫不出
於鼎力。今將應急重印，丞先上求諒解許可。弟不慎出牧子
讀，此舉是否妥礙，統求　指示，無任盼禱。弟啟功上

十一月廿一日

啟功先生信札

漢語語法，研究方法能另出蹊徑，別有見解，與當時主流研究者的看法異途。何況我自己感到時下漢語的教育，受歐文語法的影響太甚，東施效顰；社會上的文章，也趨於規範，變得單調，失去漢文的個性和味道。是以啟老的觀點，很有出版傳播以供討論的價值。對此種出版的書緣，啟老屢屢道及，雖然是小事一椿，可見他的厚道。多年後，在《啟功叢稿‧論文稿》前言也說：「歷年教書，俱屬古典文學。教古文之第一步，實為譯古語為今語，於是有探索詩文古今語法之作，⋯⋯其後探索漸多，陳萬雄先生囑輯有關漢語之論文，經香港商務印書館為刊《漢語現象論叢》。」

其實我最為得意的，是勸請啟老撰寫了〈說八股〉一篇文章。八股文功過好壞，到底是影響中國文化和社會好幾百年的文體，歷史影響不淺。自五四新文化運動提倡以來，八股文一直成為文化思想界以至社會大眾攻訐舊文化之焦點，口誅筆伐不遺餘力，甚於洪水猛獸了。幾十年來「八股文」一詞，雖日騰於人口，然對其來龍去脈，能了解者幾稀矣。於是經多次勸說，終得啟老出手，撰文論述，究其原委，探其結構，評騭其得失，不致日後湮沒無聞。稍後的 1994 年由北京中華書局結合啟老、張中行先生和金克木先生諸文，匯編成《說八股》一書出版，這是後話。《漢語現象論叢》出版後，啟老對該書腰封上書內容介紹的說他善作八股文一

句話，特別寫信給我，說「初版時編者有一條介紹本書之按語，印在封皮包頁封底摺疊部分（專名稱恕叫不出來），有一句話說作者是作八股文的高手，稍覺失實。功生於民國元年，距廢八股時已數年，何能承過譽？是以再版時亦希望有所修改。附修改之措詞……」，這是該書出版的一個可資助談的掌故。這是啟老與我在出版上的書緣。

從 1982 年認識啟老後，每次到北京，只要時間許可，或啟老在京，我總會到北師大紅四樓拜訪他的，每回總談上兩三個小時。除談書藝學術外，閒聊的話題很廣泛，或者啟老知我不懂藝術和語言文字之故吧。啟老雖粹然是一位藝術家、學者和教育家，閒談中，我總覺得他很關心社會人心、政情狀況、文化動向以至海外國際動態。談及這些話題，他很健談，也很動情，說到激動處，聲容並茂，從中得見他一介書生，心內蘊藏強烈的憂國憂民、關心社會人心的情懷。

晚年，找啟老的人，可說是絡繹不絕，門檻為之斷。他遂不勝負荷，有想盡辦法躲避的各種逸事傳聞。晚年的他，確為各種世情酬酢的纏繞，難得清靜，而苦惱不已。由啟老的狀況，日後我總約束自己，不要去打擾年長的名人。一次我到他府上拜訪，剛坐下，老人家就主動說起我在工作上剛處理了一件棘手的事，並連聲說：「只能如此處理！只能如此處理！」真讓我感動得要掉眼淚。一位遠在北京的老人

家，竟然關注到一個晚輩遠在香港的工作，已令人感動。加上處理此事期間，我嘗盡委屈，一直鬱悶在心，今得老人家主動出言寬慰，感動之外，鬱結亦為之一消。

二、想起啟老的一些事情

關於啟老的行誼風範，認識他的人都有切身的體會和不同的感動。近年出版關於他的幾本著作，對此也多所論述。這裏我就當下記憶所及的幾件事，説一説，作些補遺，以見該等記述並非溢美。

香港商務為啟老出版的第一本書《論書絕句》，當新書樣書放在我辦公桌上時，往封面一瞧，我心立刻將跳出來。原因是《論書絕句》是一本討論中國書法的著作，作者本身又是著名書法家，他文雅的字體最宜作書名題簽。人家出書的，千方百計，都希望能得到他的書法題簽，何況啟老已應我的要求送來該書名的題簽。但放在我面前的《論書絕句》，封面用的竟是印刷體，捨啟老題簽而不用，看了如何不令我吃驚，覺得無法向他交待。事情至此，只好寫信向他老人家道歉，請求寬諒。其時認識啟老日子不長，交往也不算深，如何措辭道歉確不容易。何況，啟老又是文章大家，信寫來不敢掉以輕心，用詞遺句，反覆推敲雕琢，費盡

心思，希望得到他諒解的同時，文字能在老人家面前不致失禮。這封信足足用了一個星期才寫好寄上北京。信雖寄上，心內忐忑不安，怕啟老怪責。不幾日，我在辦公室接聽到啟老的電話，說收到我寄給他的信，先說感謝為他出了書。另外說收到我的信，怕我內心不安，所以打電話給我。在電話裏他是這樣說的：「請不必介意，人家給你出書，是看得起你，出版要花錢花精神的，不能有過多過分的要求。」電話中他一再希望我不必不安，不必介意。聽了電話我真的很感動。當時，在內地打長途電話很不方便，也不便宜，老人家怕我不安而特地打來長途電話。他的一番話尤其感人。當時我當編輯出版雖然沒有多年，已有所體會。作者不好服侍，尤其書出後，動輒怪責，東不是西不對。身為長者和有名望者如啟老，對新書的封面肯定不會滿意，卻為人如斯設想，毫無怪責之意。我聽了，愧咎之餘也如釋重負。

　　啟老為人的謙虛厚道，只要對他有點認識或有過接觸，很容易感受得到和不難感受過。我與他接觸的二十多年，他的謙遜，不管是身受與聞見的，例子不少。一回，我在他府上與他正閒聊，二位長輩學人陪同一個地方省份的出版社編輯到來拜訪啟老。其中一位是著名的民俗學研究先驅者鍾敬文先生。這是我頭一回見着鍾敬文先生，鍾先生時年近九十，身體健旺，精神矍爍。鍾先生與啟老交情深往來密，

由他們之間留下的詩文唱酬可見。還有一位年過七十的楊教授。我看來了一大幫客人，我與他談了也有兩個小時多，遂要向啟老告辭。平日啟老見我忙，我說告辭他會親自送我出大門，到樓下，甚至到校門，然後鞠躬再三的道別。啟老待客一向如此，雖小輩如我亦如此，交往了二十年也如此。這回啟老卻示意不必急着走，再坐坐。老人家既如此吩咐，只好留下。鍾先生與楊教授所以陪同出版社編輯人拜訪啟先生，原來出版社正策劃出版一套現代名家傳記，屬意啟老是其中的一位。客人說明來意，鍾、楊兩位老人家也為之說項。啟老聽明來意，一直婉拒。交談中，我清晰記得，啟老說的一些話。他說：「我一生很平淡，沒有什麼成就和建樹。外面關於我的傳記文章，都是人家寫的，我從沒有提供過資料和意見，真假虛實管不了。」他再認真的說：「外面署我名的書法作品，大多是假的，如果寫得好的多是人家的作品，寫得不好的才是我的作品。人家年青力壯，自己血氣已衰，力不從心，自然不如人家寫得好。」啟老一味說這些話，宏旨就是不願意列入傳記叢書中。談下來氣氛有些尷尬。楊姓教授出言勸說啟老接受，啟老還是堅持不同意。話中楊教授吐出一句話，如何措辭我記不清楚了，意思說何必過分謙虛呢，過分了反會給人覺得虛偽。這話一出，只見啟老立刻收起一直和藹微笑的態度，臉色一沉，我從來未見過

啟老臉色如斯難看過。接着他提高語調，背誦了一段古文。我當時真聽不明白他吟的這段是什麼的古文。兩位教授聽了也沉默不語。我見氣氛不佳，先行告辭，事後如何，我也不曉得了。約三四個月之後，我再到北京探訪啟老，特意問起上次出版社見面的情形，並詢他那時他背誦的一段古文是什麼？他告訴我，原來他隨口背誦的是《禮記》中的一段話，回港我曾查閱並記下存放着，現在遍查不獲。原文意思說，天高地寬，人世源遠流長，一個人其實是很渺少的，所以要懂得謙虛謹慎。自聽過這次對話後，才真正明白他對人的謙遜和誠懇的背後，有着強烈的文化理念和價值，並非一味的老好人。

我認識啟老逾二十年，我從未向他要過書畫。我有他餽贈的書法作品，也是他主動送我的。甚至有與他熟稔的原中華書局總編輯李侃先生託他寫給我作禮物的書法作品，落款是「李侃贈、啟功書」的。他的墨寶，我只求過他二次，都是代公家出頭的。一回香港商務印書館要辦一個書畫廊，主事同事很希望招牌能請得啟老書寫，這件工作自然落在我的頭上。乘上京的機會，在拜會啟老時，我提起這樣的請求。啟老聽了，微笑而幽默地說：「多謝給我晚上一個小點心吃。」我說他寫好後，只要給我一個電話，我會過來取。一天早上，啟老來電說「商務藝廊」寫好了，問好我在酒店

的時間，要親自送來給我。我說這樣於情於理不合，要上他府上拿取，他堅決送來酒店給我，而且我知道他是專程送來的。送來後，我們在酒店喝咖啡，閒聊了一會。

另一回是在九七年。香港商務與深圳博雅要辦一個內地和香港年過八十而德高望重書法家聯展。每位名家各寫二十張都是適合當代家庭懸掛而鼓勵人心向上的四字語，對象是一般人，不是傳統形式和對象的書法展。其他十幾位書法家的墨寶的採集，由當時深圳博雅總經理雷子源先生承擔，但這次展覽的「膽」即啟老的二十張，責在我身上。啟老這批字寫得真好。礙於活動，雖然很喜歡，我一張未買，以存公正。

又一次我在啟老家中，一個年輕姑娘來看望他，並帶來一筐食品。姑娘坐不了一會，就告辭了。她離開後，啟老說筐中全是滿族傳統過年食品。我說：「這姑娘不錯，過年過節給您送來你們滿族傳統食品。」啟老說：「她與我有點遠親關係。她弟弟要找一份工作，主事人知道她們與我有親戚關係，對他們說，希望能得到我的一幅字，日前她來求字，我寫了。」並加上一句：「寫幾個字能為他們謀一份工作，何樂而不為呢？找工作不易啊！」聽了，我能說什麼？

啟先生也不是一個沒原則的老好人，其實是個外圓內方的人。正如一臉總掛孩子般笑容，沉潛心底內的卻是深切於

宇宙人生的思慮。

　　一回有一名權貴人士宴請啟老。入宴前，主人與啟老上座先閒聊，排坐着各色賓客，我亦叨陪末坐，離得遠遠的。不到半個小時，啟老突然指着我提聲説：「萬雄！萬雄！您在正好，我有事要跟您商量。」然後跟主人低聲説了一句話後，攙着扶老，向我走過來。他引着我走向一個角落的椅子上對向的坐下。我一本正經的問老人家有什麼吩咐。啟老細聲説：「沒什麼，沒什麼，我倆隨便聊聊。」聽了我初時有點愕然，隨即醒悟，相視莞然而笑。這種情況，前後有過兩次。先前，因離開太遠，主人家、主賓與啟老談聊什麼，我沒多大注意，也聽不清楚。顯然啟老覺得話沒興趣、沒啥意思，借此脱身而已。從中可見啟老處世圓渾，同時自我執著的一面。

　　啟老是清雍正皇裔後代，我認識他二十多年，從未聽過他有隻言片語，以此自崇和驕人。每次與他聊天，他一派平常百姓的作風，常讓我心頭浮現「舊時王謝堂前燕，飛入尋常百姓家」的詩句。只有兩次，他主動説到，有人要舉辦「愛新覺羅書畫展」，啟老拒絕受邀參加。他為此向我説了一通他不以為然的理由。在他口述自傳中也曾説過這樁事。這一方面可以表現他的豁達和原則，也可以知道他對作為中華民族一員的深刻認同和理解。另外，在他學生根據他講課

記錄而整理出版的〈論文學〉中（見《啟功講學錄》），有一段說話：「《李白與杜甫》出版時，我幫別人買了許多，自己卻一本也沒有。至今未看，觀點不清楚，據說主要是『揚李抑杜』。今日我所講的，如有與郭老觀點牴牾處，請批評。」這段話背後的意思不言而喻了。啟老是陳援庵先生的入室弟子，深諳陳氏講授中國傳統史著「史法」的道理，顯然這是傳統史法的活學活用現代版。啟老為人如此，為學如此。他對學問本身，極其謙虛。除在「文化大革命」中關於「蘭亭序真偽」的辯論，迫於時勢而有所依違，可以讓人非議外，對此在自述中他也有所說明。在學問研究上，他甚多推翻前人或眾人所說，敢於提出自己看法。對不同觀點，雖已成共識或屬名家定說，他遣辭用語，雖然不失溫厚，但在論點上從不稍假借，大膽提出自己的看法。對啟老生前行事，不管是相親深交的或偶遇有過接觸的，親耳聞見或聽人說的，對他的為人在不同境地都會有相同的體會。我上面所說，是一時想起的事例而已。以上所說我親炙啟老的行事做人的一些聞見，很瑣碎，說不上大功德，但卻讓我體會到孔子所說「道不遠人」的深層意蘊；而且理解到，在某種意義上能如此堅持一生，履行於一事一物，比諸激於一時義憤的殺身成仁、捨身取義，並不見得容易。再比對當今的人事和社會作觀照，更感其難能可貴耳。

三、作品豈僅為遊戲

　　啟功老的學問之廣博與多才多藝，是眾所周知的。啟老是廣為人知的名書畫家外，也擅勝於書畫鑑定，另在藝術史、文學和語言文字學等多方面學問的研究，也寢饋功深。以上所說學問種種，我都是門外漢，不敢置喙，更不用說去評論了。下面我想以啟老的詩詞創作，去說說我對啟老的學問特點和思想境界一些粗淺的看法。

　　我雖不博學，讀書卻真是很博雜，知識慾極強，對人文學科，什麼都有興趣。於啟老的著作，除語言文字學較專精的論文外，其他文章都翻閱過，從中增長了不少知識。尤其對啟老的書法和詩詞結集，會不時翻閱，視為賞心樂事，能忘憂去累。啟老雖善談能文，卻甚少寫文章表達自己的思想情懷。我認為最能表現他的內心世界的是他的詩作。寫過兩本關於啟老行誼的陸昕先生也有同樣的看法。另外他的書法作品，與一般書法家多以古人雋語和傳統詩文辭為書寫內容不一樣，啟老甚少以古人雋語、文辭和詩詞入他的書法作品，多寫自己的話和自己詩詞作品，這除了表現他的才情外，我認為他的書法作品的內容，最能直抒他的胸臆，因而他的書法作品也最能表現他的思想感情。讀他的書法作品，除了是一種藝術享受外，從中可理解他的內心世界。

　　啟老晚年接連出版了幾本名之為韻語的詩作，在文化界傳頌甚廣。一些篇章，連我記性甚差的人也能琅琅上口。這幾本韻語，內容多及生老病死以至他平日生活瑣事，語言諧趣，懂詩不懂詩的人，讀之無不興趣盎然。但我視啟老的這幾本韻語，總認為不全是遊戲之作，另有託意。他這類韻語，雖大多數是摭拾日常生活行事與身邊事物為題，文詞也極詼諧趣致，一如他平日閒談，在和悅諧趣話語中，細心品嚐，不難感覺內中是他對人生萬象，有深切的觀照與深刻的詠嘆。他曾論及說「陶淵明並非渾身都是靜穆」，說「陶淵明的詩表面平淡，其實有許多憤懣與不平」；又說「嘻笑之怒，甚於裂眥；長歌之哀，過於痛哭。此更是陶淵明詩的寫照。他愈是寫得平淡，內容也就表現得愈深。」（〈論文學〉，《啟功講學錄》）我對啟老的詩詞韻語，也如是觀，一如他之評論陶淵明，有點夫子自道。另外值得注意的，啟老這些名之為韻語的作品，我認為另有用心，是在為中國詩詞發展找出路的一種嘗試作品，不全在遊戲。啟老自幼受過傳統詩詞的嚴格訓練，嫻熟詩詞格律，所以他能寫出有水平的傳統詩詞。我所以說他用力寫韻語在於為中國詩詞文學找出路的嘗試，是有根據的。他對中國詩詞文學的發展史及歷代的詩詞遞嬗及其時代特色，多所措意，對傳統詩詞韻律的研究，寢饋功深，深諳中國詩詞隨時而變革的道理。他在〈創

造性的新詩子弟書〉一文，極欣賞具「民族的、民間的、『雅俗共賞』的新體詩作」（《啟功叢稿・論文卷》，頁323）。但他又同意論者所說：「現在的新詩除非給我一百塊光洋，可則我才不看。此說是否真實，且不管它。我個人是十分贊成這種看法的。」他對五四新文學遷變之由來也很關注。他孜孜探究詩之為詩之特性。他稱讚「白居易用自己的語言寫詩，這是很難做到的。白居易的這一特點在他是舉重若輕。現在有人稱老舍是語言大師，我認為不恰當。他專門找北京土話說，局限了傳播範圍。白居易既是書面語，又是為大眾所了解的口語，這是他的成功之處」。他又論說：「人曰韓愈復古，其實並非如此。他所用的，不過是和生活十分接近的語言罷了。用這種語言表現具體的生活現實，則更感人，也更成功。」他視唐代古文運動，不如說是唐代書面語運動。他對五四提倡新詩，有所論述，徵引詩歌的發展歷史、人們欣賞詩歌的心理角度等，去說明詩歌之為詩歌之特性。最後他說：「為什麼在五四以後新體詩歌到現在還不如舊體詩歌？舊體詩歌照舊有人作，作的質量怎樣，藝術性怎樣，內容表達得怎樣，那是另一個問題。單就說詩歌的形式，舊體詩已經形成了一套的格式，而新體詩的格式到目前還沒有形成。大家用着很自然的、方便的、人人都能吟誦的、出口就是新詩的，我們目前還沒有見到。」我認為他的韻語作

品，是他對中國詩歌發展找出路的回應，是對中國詩歌變革不能離開平仄和音韻的主張的實驗。在五四新文學運動中，陳獨秀在其著名的〈文學革命論〉「吾革命軍三大主義：曰，推倒雕琢的阿諛的貴族文學，建設平易的抒情的國民文學；曰，推倒陳腐的鋪張的古典文學，建設新鮮的立誠的寫實文學；曰，推倒迂晦的艱澀的山林文學，建設明瞭的通俗的社會文學」。經九十年的試驗，新詩遠未達成陳氏倡導文學的三大宏旨。反而啟老的韻語作品，無處不在表現「平易抒情的」、「新鮮立誠的」和「明瞭通俗的」三大宗旨。由啟老講中國文學，關注時代的轉變，一代一代文學的特徵，也多次論述到五四新文學運動，稱引胡適的說法，我們有理由相信，啟老的韻作不是無的放矢的，也不完全是遊戲之作。其用心是對中國詩歌新路向的一些嘗試。在繼《啟功韻語》而出版的《啟功絮語》自序中說及，他寫這些作品雖惹來他的朋友的不少批評，他依然說：「但這冊中的風格較前冊每下愈況，像〈賭贏歌〉等，實與〈數來寶〉同調，比起從前用俚語入詩詞，其俗更加數倍。如續前題，宜是自首其怙惡不悛，何以對那些率直的朋友呢？」最後他再為贊曰：「用韻率通詞曲，隸事懶究根源。但求我口順適，請諒尊聽絮煩！」直是擇善而固執，因另有文學上的圖謀故。

　　認識啟老逾二十年，對他的學問也接觸了二十多年，他

去世後，三年來對他無限懷念外，也一直在揣摩他一生的道德文章的特性所在。就今日認識所得，個人認為啟功老的思想學問，不在高深而在於深切；他為文說話少作豪情壯語，詼諧和藹中蘊藏深刻。他的為人不在於偉大壯烈，而在於真切。他行誼的動人感人，在於他的日常行止。「道」並非遙不可及，「道」並不是深不可測，「道不遠人」，這是我在啟老身上的體會。甚至他聲名最著的書法，「雅俗共賞」是他最大的成就和特色，同樣表現了「道不遠人」的品質和特性。最後要說的，啟老雖讀過新式學堂，學過一些外語和新學，但啟老基本上是傳統學問道德薰陶出來的理想人格的當代表表者。傳統優秀文化和價值在諸多令我尊敬的長者身上的真實體現，比照當前中國社會價值，遊離浪蕩，無所歸心的狀況，啟人深思。

原載《信報財經月刊》，253 期，2006 年 8 月號。

書緣世誼十五年
──追憶陳從周先生

　　陳從老去世後，未寫過一篇文章紀念他，雖耿耿於懷，深自咎責，但長年雜務紛沓，忙忙碌碌，少所閒靜，既心為形役，以致情思俱乏，無以動筆為文。與陳從老生前相交十有五年，忝為忘年之交，情誼不淺；況且他老人家道德文章，良可景仰，多年親炙，所聞所見，雖是日常行止，風範足稱。雅不願虛應故事，率爾操觚，不能狀其精神風采，以致動筆猶豫而遷延至今。新近在書店購得由同濟大學建築及城市規劃學院編輯的《陳從周紀念文集》與《陳從周書畫集》，拜讀各篇紀懷文章，再整理積存雜物，檢出從老多年惠贈書信、墨寶、小玩、著作和舊照，所謂睹物思人，陳從老生前的音容面貌和深鑄心中的言行，一一浮現，懷念之情，不能自已。屈指一算，先生過世已足足七年了，如仍沉默乃爾，實有負這段情誼世緣。

　　我認識陳從老是在上世紀的八十年代中，因商談《徐志摩全集》出版開始的。該套《徐志摩全集》原是解放前由陸

小曼和趙家璧先生編定，擬由商務印書館出版的。但只完成藍樣，尚未付梓面世。既逢解放，後又屢遇各種政治運動，《全集》不僅不可能出版，連保管也成禁忌。後由陸小曼託付陳從老保管。「文化大革命」初起，陳從老為確保稿件的安全，不負陸小曼晚年心血所凝聚「遺文編就答君心」的生命囑託，而送到北京大學圖書館收藏。先生在〈徐志摩〉與〈徐志摩全集序〉一文中，就此中過程原委，有詳細的記述。八十年代，國家雖已開放多年，但是出版條件和環境不似現在，如無資金補助，出版社難於承擔多卷本的個人文集的出版。況且當時出版近代文學家全集，文學成就外，尚要考慮作家政治地位。自解放以來，徐志摩雖早歿，仍類入別冊，自非可出版全集作家之列。在這種歷史背景下，陳從老商之香港商務印書館。這是《徐志摩全集》在香港商務出版的緣由。《徐志摩全集》是 1985 出版的。當是時在香港，也算一樁出版文化上可以稱道的事，頗引起媒體的注意，而廣為報道。陳從老與徐志摩雖未謀面，而有雙重親戚關係，感於私情和公誼，曾經年廣泛搜集徐氏生平遺物逸聞，寫成《徐志摩年譜》，成為日後研究徐志摩的必讀的重要著作。此書解放前出版過，印量很少，直到 1981 年才由上海書店影印出版，大嘉惠於近代文學的研究。陳從老曾贈我一冊，扉頁寫着「萬雄宗兄為志摩兄刊全集，隆情高誼，歿存

均感。丙寅春日，詣臨梓室，持此以贈。陳從周。」可見陳從老得見全集出版，既完成陸小曼之囑託，也成就了他流播徐志摩作品的念願，喜愉之情，溢於言表。陳從老是一個極重情義的人。《徐志摩全集》的保存和奔走出版，可見一斑。《全集》出版以後，其後數年為徐志摩遺稿佚文的搜羅出版，也費盡心力，至有《徐志摩全集續編》的出版。我性疏懶，日記筆記一曝十寒，即與名家聚談，亦從沒有念頭要記下來。在翻閱舊物中，竟發現在 1986 年 4 月 7 日，留下一段到上海拜候陳從老的日記，想是當日見面印象深刻。這是與陳從老相交十五年來唯一的實錄，且關涉到徐志摩、陸小曼等事，故原文錄下，一作紀念，一或可提供些可資助談的材料。

日記記載：

早，與金寶元拜候陳從周。

談到《徐志摩年譜》，四九年寫成，自己花錢印了五百部，稿曾得到沈從文的批改。

看到了陸小曼的一幅山水，很有書卷氣，空靈雅致，非常物。陳從周原有〔陸小曼留給他的遺物〕都在文化大革命期間毀掉了，這畫有陳從周和趙家璧題字。

蒙惠贈畫一幅，所用顏料，紅色是乾隆年間〔物〕，綠顏色乃嘉慶年間宮中藏品。

贈徐志摩年譜一冊，題字「萬雄宗兄為志摩兄刊全集，隆情高誼，歿存均感，丙寅春日。詣臨梓室，持此為贈，陳從周。」

「梓室」兩字為葉聖陶墨寶，客室掛有吳作人駱駝一幅。另□□□人物〔畫〕一幅。

陳從周老煙不離手，談志摩事特別興奮，稍示舊藏〔徐氏寓美公子惠贈者〕照片。看照片，志摩風華正茂，在美英唸書時有些「浮」氣，回國後，增加了不少書生味。

自因緣《徐志摩全集》的出版，結識陳從老，此後每到上海，行程如何緊迫，十九會到同濟新村「梓室」拜候訪談。時光荏苒，不經覺間已十多年。至今「梓室」模樣，腦海中依舊印象新鮮。

十多年不知多少次的見面，都是在梓室，絕少外出飯食，每次總坐上兩三個小時。每見面，有事商量和託囑辦理事情外，都是天南地北的談。談的是什麼，記不住了。話題除討論書稿外，大都圍繞文化藝術的人和事，或近日見聞和社會情狀。陳從老多才多藝，見識廣閱歷深，而我知識興趣

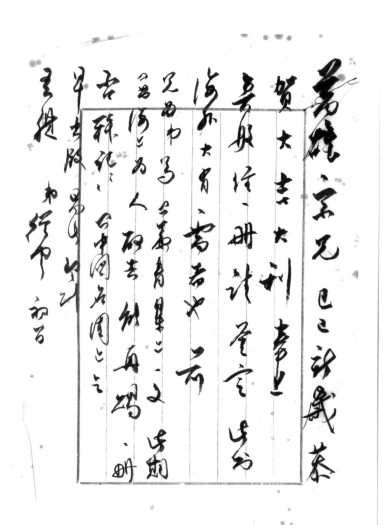

陳從周先生的手札

廣泛，一老一少，不愁沒有話題。從老的濃厚的紹興普通
話，我的濃厚的廣東人的官話，正是南腔北調，相互間雖然
說、聽都有些費勁，卻不妨礙我們的談興，一聊總好幾個小
時。談話中，凡言及傳統文化藝術的遭破壞和凋零，社會文
明程度的低下，從老就容易動情生氣，由溫文爾雅，變得怒
目金剛。他關心全國各地文化遺蹟的存滅，雖一磚一瓦珍護
不遺餘力。他擔心傳統技藝和生活價值的消亡，如開放以來
外來飲料在社會上的所向披靡，他深深憂慮傳統飲茶習慣會
自此消失。他戚戚於民眾的粗野不文，社會風氣的不文明。
總的來說，他對所以維持中國人和中華文化的良好傳統文化
和精神價值，是很執著的，甚至容易被認為保守。一個深受
優秀傳統文化精神濡染，而身體力行的知識份子，他的執著
是可以理解的。他並非傳統保守的遺老遺少，生活在十里洋
場，受過西風歐雨的洗禮。他的執著是來自對國家民族終極
的存在和長久發展的最後依存全仰賴文化的體認有關。這與
深諳近代世界發展大勢，對世界各種先進文化深有研究，而
對國家民族處於危急存亡之秋感受深切的陳寅恪，所以一生
潛心學術，在茲念茲，以弘揚民族文化和精神為最終目標的
體認和用心，並無二致。時至今日，對近代中國知識份子的
思想行為，應從多角度，更宏遠的視野去理解。陳從老本職
是中國古建築尤其是園林的專家，研究以外，且能造園。他

多才多藝，書畫、崑曲，甚至各種玩賞，無所不能。同時他能文善詩詞，散文雜文寫得很好，自成風格，只要翻查一下他的著作目錄，就明白了。他極關愛民族文化，對傳統留下來古蹟遺物，寶愛之極；對傳統風土人情，眷顧有加；尊師重道，講信修睦；是傳統優秀文化、優雅文明的化身。在各種懷念追憶他的文章中，在他留下各種著作中，不難感受到。他的學術成就和藝術造詣，說者多有，都用不着我繞舌溢美。

　　陳從老生前有一篇文章寫他旅遊之道之樂，題目為「半生湖海中，未了柔情」。我改之為「一生神州，灑遍柔情」。以下，我只從個人接觸所及，追憶一些行事，以見斯人。

　　陳從老原籍浙江紹興，生長於杭州，成年後雖長期居住上海，但性格上，總感覺他稟賦杭州人的性格更多些：既溫文爾雅，又剛烈不阿；既文采風流，也義正辭嚴。他的行止，他的詩文，他的書畫，無不體現了他這種稟性。杭州既有西子的千嬌百媚，柔情萬種，也有錢塘潮的波濤洶湧、一瀉千里；葬在西湖邊上的歷史名人，有忠烈的岳王爺，引刀成一快的秋瑾和陶成章；也有情僧蘇曼殊，了絕世緣的弘一大師。杭州地處江南，南宋定都於此，承載融匯了南下的北方文化，鑄造了杭州特有南北交融的文化，這些文化蘊藉，山湖風土見之，人物世情見之。杭州有千百年訴說不完的風

光，也有訴說不盡的人物，所謂人傑地靈，陳從老是潤育於此的代表人物。

　　與陳從老論交十五年，首先是書緣。我翻查陳從老給我的信，以涉及圖書出版事情最多，書架中留下陳從老簽名贈書也多。自認識陳從老以至他的去世，香港商務印書館出版過陳從老的著作有《中國園林》、《書邊人語》和《梓室餘墨》幾種。其中最值得一談的是《梓室餘墨》的出版。此書出版於 1997 年，是香港商務作為一百周年館慶的代表性的出版物。陳從老因要保存上海藏書樓，與某領導在某次會議上發生爭執，至拍案而起以至再次中風。晚年的最後幾年，長期臥床，衰頹不堪，每次見之，只能以表情手勢略表關懷而已。往日他在梓室不斷替換抽煙呷茶、侃侃而談的情景不再，總會心中鬱鬱，憮然而離開。大概在《梓室餘墨》出版兩年前，我和與陳從老相交幾十年的原上海書店副經理郭小丹先生到梓室晉謁，座間陳從老示意親人拿出四卷本的六七十年代陸續寫成的筆記手稿，囑我想辦法出版。論書稿價值和陳從老的最後出版遺願，是義不容辭的了。但這書的出版是不容易的，耗出版經費不少不用說。稿本是筆記，內容廣泛，涉及不少專業知識。手稿全用墨筆寫成，雖原稿大致已類分，綱目清楚，在編輯工作上，有不少字不容易辨認，且卷帙不少，編輯整理極具時日。陳從老期間已不能自

己動手整理，所以此書的出版，連一篇作者出版序言也沒有。幸好郭老在上海代找人謄抄，終能出版。此書編輯出版雖云困難，一方面考慮陳從老身體日漸衰老，百年有時；另希望趕及慶祝商務一百周年館慶，以作文化紀念，所以加工趕製。但在第三校稿完成之後，突聞陳從老入院，情況不好。為不使老人遺憾，我攜新校第三稿訂裝成書樣，專程飛到上海，到病院讓陳從老過目，老人家對書稿撫摩再三。幸好吉人天相，渡過該次病危。1997 年新書一出版，我立刻攜了樣書趕赴上海，與郭小丹先生到同濟新村梓室拜候陳從老。在室內我們坐定一段時間，才由陳從老女兒推着坐在輪椅上的陳從老自房內出來。時陳從老顯得很虛弱，已不能言語。我上前握着陳從老的手問候並奉上新出版的《梓室餘墨》。他半捧半放的注目看着，忽然望着我，先用手指指額頭，再滑下指指中胸。我初不大明白，他再重複一次這種動作，我才明白老人家的意思。大概，指指額頭意思說知道書出版了；指指中胸，表示感謝。我當然說是應該的，但聲音咽啞了，實在不忍見到老人家這種情狀。我近三十年的編輯出版生涯，編輯出版過不少讓我得意和動情的圖書。《梓室餘墨》是其中之一，該書是陳從老「文化大革命」期間的 1970 年被送安徽「五七」幹校勞動改造，後因胃出血被送回上海時，失望中，在擁擠、昏暗的燈光下用蠅頭小楷寫

出的四十餘萬字的筆記。對這本書稿的出版我們是竭盡力量的。可惜路秉杰先生卻為文時說道，「那一部極寶貝的手稿，不知給哪家出版社騙了去」（路秉杰〈前言〉、〈好人好事常懷憶〉，見《陳從周紀念文集》，上海：上海科技出版社，2002 年），則未免失之公道而厚誣於人了。此手稿出版後，經郭小丹先生原璧親自交回陳從老女公子，幸好郭老健在上海，可以為證。另外，上海著名學者唐振常先生曾為文道及此事，亦可以為證。他說「至於陳從周先生，和香港商務印書館有多年的關係，他們對陳老無限敬重，自陳老病後，他們的負責人每來上海，必登門問疾，出版《梓室餘墨》是香港商務多年的心願，香港商務負責人陳萬雄兄，不只一次對我談這件事，說是定要不惜代價把這部可能是陳老的絕響出版好，讓陳老安心。書出，萬雄來上海，親自送書上門給陳老，陳老雖不能語，其高興之情，來人也能感覺到。編輯和作者之間這種感情，出於對學術的熱愛，因而可珍可貴。」（〈編輯和作者——從兩本書想到的〉，見唐振常著《俗輕集》，上海：漢語大詞典出版社，1998 年）其實作為出版人，這是本份的事，唐先生的謬獎文字本不應大幅引用以自矜，由於路先生這段話，實在言重了，不能不借此澄清。否則筆者不能自解，亦有違陳從老囑託之厚意了。《梓室餘墨》的出版與趕及陳從老生前親睹，使我感到無限

的安慰，既為「文化大革命」苦難中，知識份子朝不保夕的情況下仍然義無反顧地保存中國文化留下記錄，為中國文化留下一卓越的著作，也是我與從老十五年書緣和世緣的最後圓滿。

書信、贈書而外，陳從老留給我的是他的畫作和墨寶，都是十多年不同時間饋贈我的，或是他準備好或是即興饋贈的，所以都有上款和年月。我私人從不向畫家書法家求書畫，我一貫有一種想法，書畫家的書畫作品，是一種勞動成果，不能無酬，不能不勞而獲。如果真喜歡，付出報酬是應該的，最多相熟是有折讓。如果書畫基於交情作禮物贈送，又當別論。我記得有一次去梓室拜候，由於知陳從老嗜煙，我習慣捎上香煙作見面禮。告辭時，陳從老突然將擱在桌上的一張已裝裱好的畫要送給我。這樣珍貴的禮物，我不敢收下，一再推卻。陳從老突然說：「這些剛從畫店裝裱好送來，您就來了，這是緣份，緣份是不可推卻的。」他又說：「如果您願意，該畫裝裱費、車費用了二百元，我一個月薪金才好幾百塊，您付裝裱費，畫我送給您！」聽了我只好感謝地接下。這幅畫是陳從老饋贈書畫中唯一沒有上款的，我亦很珍惜，因為這裏有一段因緣，也反映陳從老的人生哲學。關於從老對待自己書畫，原上海美術館副院長陳龍有一段說法：「書畫對陳從周先生來說只是他繁忙的工作之餘的

遺興，他藉書畫抒發自己的感慨和抱負，『丹青只把結緣看』是他的座右銘。」又說：「看陳從周先生的畫真能體味到中國文人淡泊明志，寧靜致遠的精神世界。在當今中國畫壇上，能在傳統筆墨情趣上達到這樣的高度的，已是鳳毛麟角了。」（〈陳從周畫集序〉）由我與陳從老接觸中過程，他們的說法所言不虛。試舉兩例子說說。

陳從老書畫師從張大千，早在四十年代已成名，著名藝術評論家王湜華先生說：「從周先生的畫清新雅素，意境深邃，格調高雅、親切宜人」（〈陳從周畫集序〉），被評論為是現代中國文人畫的表表者。我與陳從老會面，多次向他提議在香港為他舉辦書畫展。一次，我知道他與馮其庸先生有深交，再提議為他們舉辦同為學人的書畫聯展，他亦婉拒。我雖不明所以，但不宜再探問。直到有一次與他對話，才獲知陳從老對書畫「價值」的執著。一回我到上海，馬路上見到商家為朱屺瞻先生辦百歲書畫展，到梓室見到陳從老，我知道他與朱屺瞻熟悉，且在文字上知道他對朱屺瞻先生相當尊重，所以我問陳從老是否已參觀過朱先生百歲畫展？他的回答頗出乎我的意外。他有點動氣，說他不會去參觀。他說書畫是藝術，是用來結緣的，不是賣錢的，更不應該由商家主辦，所以他不會參觀的。聽了這番話，我才明白何以陳從老不願辦書畫展，也從來不見他賣書畫。七八十年代，名家

書畫漸有價，比對一份幾百塊一個月的工資，能以書畫換生活，是很正當的。以從老的書畫造詣，他學術文學上的名氣，絕對有書畫市場的，況據我觀察，他的生活日用並不寬裕，但從不以書畫為稻粱謀。陳從老這一輩，我認識的陳原先生、啟功先生、沈從文先生等等，平日生活要求很低，住的、吃的、穿的、行的，都遠遜他們應有的或者可以爭取得到的。他們的生活，經過抗戰、內戰、三年饑荒、「文化大革命」，都飽受貧苦折磨。開放後，生活條件日益改善，物質愈益豐富，但他們這一輩人，依然安貧樂道，淡薄物質生活的享受。從這裏比對當前，不要說一般人，即使所謂學者藝術家，大多汲汲於物慾，追名逐利到讓人側目的地步，如何可比擬。無他，他們這一輩人，依然能自有生活、生命的價值，腳跟立的定，正如孔子所說「回也不改其樂」之謂也。

近年我才領悟到「道不遠人」的道理，也明白「道不遠人」看似尋常，而成為日常的行止的不容易。社會上現在議論的「社會文明」與「修養」，就是這種道不遠人的日常行止與生活價值。

我與陳從老相交，年齡相距三十年，十五年來我固以長者視之，日常交接，我們更像忘年交，他從沒有一點居高臨下的感覺，即之溫溫，舒適極了。通信或饋贈著作和書畫，他習慣以「宗兄」呼之，這既守傳統的禮貌，也是他為人的

謙抑。

　　一回，我說好一個時間到梓室拜候，由於交通障礙，我遲到了達二個小時。來到新村巷內，遠遠望見陳從老坐在他家小陽台，一見我連忙起身打招呼，狀甚愉悅。回港不久，因同事要到上海拜候陳從老談稿件事。我告知上回我碰到陳從老在陽台事，並希望轉告陳從老，他近年衰病，不宜過於勞心，像上次見面時所見曬曬太陽對身體是最好的話。同事回來後卻告訴我：那回我所見陳從老在小陽台，他不是在曬太陽，是在盼着我到來，因我遲到，而在外足足等了我二個小時。聽了感動之外，一陣心酸。老人衰病如此，尚孜孜以人為念，這種情義，我輩差遠了。長者已逝，世緣亦盡，留下的是不絕如縷的懷念；無疑，他的道德文章為他鍾愛的中華文化增添了光彩。

　　　　原載陳萬雄：《讀人與讀世》，香港：天地圖書，2008 年。

附：編輯和作者
——從兩本書想到的

唐振常

不久前，先後得到香港商務印書館兩本贈書。一本是蘇秉琦的《中國文明起源新探》，一本是陳從周的《梓室餘墨》。前者是中國考古學術著作，後者是學術札記。兩書皆佳構，而裝幀之美，印刷之精，真是上乘之上乘，尤令人不忍釋手。可以看出，編輯對這兩本書確是匠心獨具，付出了巨大的勞動。

蘇秉琦先生是中國考古學界前輩，在這本書裏，以他自己身所參與的多年考古發掘，對於中國文明起源這樣一個大問題，一破陳說，作出了令人信服的新見新解，真所謂發千古之覆了。如所謂奴隸社會問題，對於這個據「本本」爭論多年的老賬，蘇先生以地下發掘為據，一言而決。其尤精闢者，蘇先生提出了中國文化不同源，並非是歷史相承的。所謂漢族中心、王朝中心、文化中心之說，以考古所見，皆不能成立。正因為蘇先生以實物發掘為據，其說便信而有徵。

幾十年前安陽殷墟的發掘，提前了中國的信史，解決了史學界懸而未決的問題。蘇先生此著，以考古為據，同樣重要。

蘇先生之作，應屬考古學的通俗講解，儘管對於書中的考古論證，讀來仍嫌專門，不一定全能理解，然於其論證之有據，敘事之循實，結論之所由，不能不信服。這些論證，這些結論，於考古學界或為通識，然於學術其他各界，於一般讀者，則為新知。此書之可貴在此。

陳從周先生是通人，專業是中國古建築學，而文史皆通，博聞疆識，讀書既廣，見識彌高，文字亦精。這本札記，既有乾嘉樸學的精密考證，又能據而發揮，筆之所至，涉及文史廣泛領域。讀之，既得專門知識，復兼得賞美文之至樂，怡然隨所寫而神馳心遊，得大享受。

寫這篇短文，不是為介紹這兩本書，所想到的是另一個問題：編輯和作者，二者的關係以及編輯的作用。

一般說，編輯和作者的關係，似乎止於稿件交往。一個伸手去取（稿），一個出手去交（稿）。稍上者，是編輯約稿，或稱組稿，了解本門學術有些什麼作者，某位作者正在寫什麼，或可寫什麼，便上門相約。作者了解編輯之意圖，就自己專業為之寫稿。自然，在這種情況下也可能得好稿，出佳作，但未必能期以必然。五十餘年前，聽葉聖陶先生講舊事，說是茅盾的第一篇小說是他編輯發表的，當時署名

「矛盾」，經葉聖老易為「茅盾」，從此沿用此名。葉聖老的第一篇小說，則是茅盾所編輯發表。聽此文壇軼事，當時覺得有趣，此後，我做了多年編輯，有時也是作者，不免和編輯打交道，回味葉聖老之言，方感編輯和作者應是朋友的關係，兩人坐而論道，一些作品當可由論道中產生，兩人同是這部作品的勞動者。

這種狀況，已為多年的事實所證實。但是，有時也並不就體現了對這種共同勞動關係的認識。1962 年，羅竹風先生著名的《雜家》之歎，就是一例。羅老文中所言，所發議論是和友人對談之言。這位對談者，據所知，乃蒯斯壎先生，當時的上海文藝出版社社長。一個出版局長，一個出版社社長，其所傾談，確實代表了編輯的看法，文刊後姚文元橫加撻伐，來稿斥姚者以出版部門編輯為多，亦可證明《雜家》說出了編輯要說的話。《雜家》廣文先生之歎，對編輯待遇的自嘲，均符事實。如果擱置客觀情況不論，把一部作品的出版，當作編輯與作者的共同勞動結晶，或可消減和淡然於「為他人作嫁衣裳」了。

這些年來，出版繁榮，佳作纍纍，體現了編輯的可貴努力和敬業精神，編輯和作者合作良好。但並不就完全沒有問題。丟失作者稿子自然是個別現象，夥同炒作，欺世盜名的現象，也不是常有；如按編輯和作者應成朋友、相與論道的

關係去看，則尚有未足。常見的現象是：約稿時書信頻頻，電話不斷，稿件到手，往往成了作者一頭熱，去信無覆者有之，稿件到後長期不看者亦有之。這種現象，已是起碼的敬業精神亦闕如了。

回頭看香港商務印書館《中國文明起源新探》、《梓室餘墨》的例子令人興歎。蘇秉琦先生初無意於寫這本書，香港商務印書館的編輯，一是有學，二是知蘇先生之學，三是知此事之重要，再三請蘇先生寫。及後，他們把蘇先生請到深圳安住下來，由蘇先生口述，記錄成書，一共在深圳住兩個月，成此一冊。我多次聽香港商務的朋友談這件事，也聽他們談這本書的價值。及得是書，首為裝幀、印刷之佳所奪，讀後感到他們費大力去出版這部書真是值得。

至於陳從周先生，和香港商務有多年的關係，他們對陳老無限敬重，自陳老病後，他們的負責人每來上海，必登門問疾。出版《梓室餘墨》是香港商務多年的心願，香港商務負責人陳萬雄兄，不只一次對我談這件事，說是定要不惜代價把這部可能是陳老的絕響出版好，讓陳老安心。書出，萬雄來上海，親自送書上門給陳老，陳老雖不能語，其高興之情，來人也能感到。編輯和作者之間這種感情，出於對學術的熱愛，因而可珍可嘉。

一九九七年十二月

原載唐振常：《俗輕集》，上海：漢語大詞典出版社，1998 年。

考古大師蘇秉琦先生劃時代之作
——《中國文明起源新探》

一、考古大家蘇秉琦先生謝世之作

讀了蘇愷之教授所著《我的父親蘇秉琦：一個考古學家和他的時代》，才讓我全面地了解了蘇秉琦先生的一生事跡和學術成就。作為秉琦先生的哲嗣，又非考古行內人，愷之教授閱讀了相關的考古著作，參閱了傳主大量公私文獻，搜羅了相關人物的紀聞，加上自己的耳濡目染的感受，不亢不卑地為父親寫出這本紀實性很強的傳記，實屬難得。另難能可貴的，正如副書名所標示，作者能緊緊把握住傳主作為現代中國考古學先驅者之一，一生如何從事田野挖掘、研究整理、探索方法以至理論發明的艱苦歷程。在描述傳主個人一生事跡中的同時，內容緊扣時代和學術背景，是了解近現代中國考古學的發展與中國文明溯源過程，很值得一讀的好書。

二十多年前，我憑着一股出版人特有的熱心，一種追尋

文化學術新動向、新發現的志願，拜識了蘇秉琦教授。而且不算費勁地，促成了他的《中國文明起源新探》一書的出版。蘇愷之教授在書中，多次說到了《中國文明起源新探》一書，設專節講述此書的撰寫和出版情況（頁358），並說「《中國文明起源新探》是父親在身體衰弱而頭腦清晰之際，親自口述，經學生記錄、整理而完成的謝幕之作」（頁307）。能促成一位學術大家，在即將謝世之際，出版了他的「謝幕之作」，而且是一本傳世之作，作為一個出版人，是幸運的，也是榮幸的。蘇秉琦先生自己說《中國文明起源新探》這本著作，是「一本我的大眾化的著作，把我一生所知、所得，簡潔地說出來了」。蘇秉琦先生視之為大眾化的著作，雖然書的部頭確實不算大，但是，在我的出版生涯中，能策劃出版了這本著作，一直引以為傲，並視之為是一本具劃時代價值的「大書」。它的出版，給香港商務印書館和我個人，帶來不虞之譽。書出版後，凡遇上文博界中人，無不交口稱讚。據蘇愷之先生說，蘇秉琦先生完成此書的口述後，自深圳回到北京，舒暢的對家人說：「無論將來有怎樣的新進展（筆者按：指考古新發現和新理論），把這本小書和我的思想疊壓在歷史的堆積層裏，我總算對後人有一個完整的交待了。」二十多年過去了，此書的出版，愈益顯現它的價值和影響，且超越了考古文博界的範圍，對於學術思

想界，甚至對於社會大眾，重新認識中國歷史和文明史，無可置疑是一本經典的著作。

該書一經出版，著名考古學家紛紛著文推介。著名考古學者俞偉超先生認為，《中國文明起源新探》一書，是二十世紀中國考古學的一個里程碑，「它集大成式展示出蘇秉琦考古公眾化思想，集中反映出蘇秉琦時代中國公眾考古學所達到的理論高度和發展水平。從考古學到知識界乃至社會的各種解讀和闡釋，更反映了普遍的共識」。中國社會學大家費孝通先生寫道：「蘇秉琦著《中國文明起源新探》，代表了我國學者對中國文化發展歷程實事求是研究的傳統，這是一本人文科學研究的成果，是中國人對自己文化的自覺。他用古代遺傳的實物來實證中國五千年的文明發展的過程，在中國人面臨空前大轉型的時刻，在學術方面集中了考古學界幾代學者的研究成果，得出了這樣一本著作，意義深長。」其他的稱譽尚多，無法一一稱引。

此書陸續出版了多種國內版本，傳播甚廣，亦很快被翻譯成日文本出版。在日文版的〈編輯註記〉中，有這樣的評價：「本書對今日中國考古學界、歷史學界以至對廣大的中國人的歷史認識、民族認識發揮了巨大的影響……本書是二十世紀最後十年出現的，對現代中國學問和思想最重要的著述之一，今後它的影響是難以估計的。」（頁219）二十

年過去，以上代表性的論評，所言不虛，隨着此書傳播愈廣，愈為人所認識，愈顯得此書的價值。北京大學在建校一百周年紀念中，即以此書列為建校百年最重要的著作，而「東亞出版人會議」亦以此書入選為「東亞近五十年的經典著作」。

二、《中國文明起源新探》面世的原委

蘇秉琦先生在中國考古學界聲名卓著，稱得上是當代中國考古界大師級的人物。學生有好幾代人，遍及全國，不少名頭響噹噹的考古界領軍人物，都是他的門生弟子。雖然如此，比起同時代其他方面的人文學學者，即使在學術文化界，更不要說社會大眾了，蘇先生卻不大為人所知，這與他的學術成就和文化貢獻不大相符。這種情況，也多少反映了各界對二十世紀初以來新興的現代中國考古學的發展、學術貢獻缺乏認識。

我之於蘇秉琦先生其人其名，說來慚愧，知道得也很晚。上世紀六七十年代，就讀於香港中文大學新亞歷史系，系內歷史名家不少，卻沒有講授考古學的。當時中文大學研究院，雖然有老一輩的考古學家鄭德坤教授，但年事已高，學術活動不太活躍，跟歷史系也很少互動。在學期間，正是

內地「文化大革命」進行得如火如荼之際，學術文化，萬馬齊喑。中國內地銷售到香港的人文學科圖書，新刊舊印，都極其罕見。僅有考古發掘報告一類著作，尚能賡續不斷，在書店出現。當時考古界最權威的期刊《考古》和《文物》，尚能定期在香港發售。這兩種期刊，無異是窺測中國內地人文學科新成果的唯一途徑。不知是個性喜博覽泛閱讀使然，或受新亞講求淵博的歷史研讀學風的影響，雖然沒有考古課程可以修讀，在大學幾年，自己仍花了不少時間閱讀考古類的書刊。說實在，考古學之不同於其他門類的歷史學科，基礎知識既缺乏，亦沒有專家指導，更無實物的觀照，是不容易自學的。一大堆的專有名詞和術語，就夠頭痛的了。我卻樂此不疲，似明不明、囫圇吞棗的胡亂隨興閱讀。結果自然耗時雖多，學問增益卻甚少。直到八十年代初從事編輯出版工作，接觸博物館和考古學界的專家學者多了，耳濡目染，才算對這兩門學問和學術行情有些認識。作為出版人，要策劃出版好的題材，要有讓人一新耳目的好書的出版，要了解某門學科的行情，是不二法門。隨着編輯出版工作的需要，與文博界與考古學界交往漸密，愈益認識到文物研究和考古發現，對研習中國歷史文化的重要。從出版出發，這種新認識，是催動了我以歷史文獻、考古發現和文物研究三結合，去策劃中國文明史圖錄出版的新思路。在這種新的認識下，

整整十年多的時間，我策劃和出版了不少有關中國文明類的圖錄。其中，以《中國地域文化大系》的策劃最具野心，是試圖以文獻研究、考古發現和文物圖像三結合的新途徑，去重寫中國文明史。可惜由於種種因素的局限，無法貫徹原先的完整構想，只能完成其中的六冊，不免有中途半端，未竟全功的遺憾。其間，蘇秉琦先生的《中國文明起源新探》，也是個人在這種新認識、新思路下的產物。

關於蘇秉琦先生如何撰述了《中國文明起源新探》此著作，協助完成撰寫的著名考古學者郭大順先生，在該書2009 年遼寧人民出版社版序言中，記述甚詳，有興趣的可以參考。這裏不再重複，只從我個人對此書的出版過程作些拾遺補闕的憶述。

1994 年，蘇秉琦先生出版了一本重要的論文集《華人‧龍的傳人‧中國人──考古尋根記》（遼寧大學出版社）。負責為蘇先生編輯此論文集的，正是郭大順先生。此論著的出版，海內外都有新聞報道。據郭先生的回憶，是時在香港商務印書館編輯部任編輯主任、並與他正從事《東北文化》（《中國地域文化大系》的一種）編寫工作的張倩儀小姐，打電話給他，想出該論文集的香港版。

某天在香港商務辦公室，張倩儀小姐送上《華人‧龍的傳人‧中國人》這本論集給我，讓我翻讀，意思看是否可以

出一個香港版。拿到書，我認真翻閱了好幾天，雖是浮光掠影，卻很有興趣的讀過一遍。在我很有限的中國考古認識中，感覺到這本論集涉及中國考古和文明史的問題，題旨重要，理論層次高，脈絡清晰，立意新穎。可惜論集是由單篇論文甚至只是研討會的發言稿組合而成，屬於一種高屋建瓴的文章。不要說是一般文化歷史的愛好者，即使念歷史專業的，如果對中國考古研究稍少認識，相信難看得懂，也不會有興趣，更難了解其宏旨。從圖書出版的角度，對海外考古專家和歷史學者而言，有簡體字版就可以了，沒有出版海外繁體字版的必要。以前只是耳聞蘇先生在考古界的權威，卻未認真讀過他的著作，即使翻閱一些論文，亦是「夫子之牆數仞」，「不得其門而入」的感覺。這次總算系統而認真地讀了他的論文集，對蘇先生在中國考古上的研究課題、觀點、方法和理論，才算有一些認識。讓我最震撼的感受，作者論文總體的主題和中心論旨，是劃時代的，對中國文明史有煥然一新的創見。我遂告訴張倩儀小姐，不擬按論文集的原本出版，卻有新的出版構想，並託她轉告郭先生，擬專程赴京與蘇先生當面商談。

　　不久，聯絡好了，我為此專程到達北京。應該是由郭大順先生的引領，至於另有誰人同行？都記不住了。模糊中仍記起見面的場面。會面的地方很簡樸，像居所。我拜見了

蘇老，並說明來意。談話過程中，蘇老說話不多，有些木訥，有一說一的，不多虛談。可能由於我們初次認識，互不了解；亦可能由於他年事已高，說話不多。其間，蘇老給我的印象，不像我之前交往的人文學者，倒像是一位科學家。我將我的想法如實的告訴蘇老，懇切希望他將他一生對考古研究的心得和對中國文明起源的新看法，編寫成一本深入而淺出、帶有概論性的著作。我也不顧冒昧的說，縱使幾十年來經過考古界的努力，中國考古成就斐然，其成果也着實豐富，糾正甚至顛覆了傳統中國歷史和文化的不少傳統的論說。歷史學界，除部分學者外，對此卻了解不多，甚至不予關顧。或許說得過頭，據我當時接觸和認識，中國史學界和考古學界，似有互不相聞問的隔膜。我對中國歷史的學習和研究，雖然是沿襲文獻一路，由於十多年的出版工作，多認識了文博界和考古界中人，增長了見聞，早已感受到由於文博和考古積累的發現和研究所積累的成果，似破繭欲出，會對中國大歷史和文明史的研究，產生一次革命性的突破。作為當時考古界領頭人的蘇先生，如能寫成一本深入而淺出，描述出幾十年來考古學的進程，總結其成果，並論述他對中國文明的起源和發展的總體看法的著作，對學術界和大眾重新認識中國歷史與文明史，會產生很大的影響。說了一大通，等待蘇老回話，並思量如何再費唇舌，再行說服。不期

然，聽了我説過，蘇老只簡短地説：「我答應撰寫，我早有此意。如何具體進行，可與郭大順商定。」前面我説組這本稿子，「不算費勁」就是這個意思。如此「不算費勁」，是出乎我意料之外的。二十年的組稿經驗，約學者出版專著是容易的，約學者撰寫深入淺出的概論性著作，是困難的。尤其是名家和大家。有此種感受，份外尊敬一些願意撰寫深入淺出，以關顧大眾的論著的大學者。如近代的梁啟超、錢穆、呂思勉、馮友蘭和王力等先生。他們學養既深且通，能將深奧的知識和道理，講得通透易懂，嘉惠大眾，重要的是他們有這份心志。同樣，編輯出版人也應有一種文化使命，不僅要出版有新發明的學術著作，也要讓各種新學問和新發現，通過出版，盡快傳播到社會大眾，成為新的知識，提升社會整體學術和文化水平。人們常説「編輯出版人是為人作嫁衣裳的」這句話，我是這樣的理解和信念。

我們初擬邀請蘇老到香港一個月，讓蘇老先生避開在北京難免的日常干擾，專心致志，完成此書的撰述。在港期間，亦預先受某大學的囑託邀請他作公開演講。考慮到蘇老年事已高，不可能親自執筆，所以也邀請郭大順先生協助他從事撰述。老人家到底年事已高，我們再邀請蘇老的一位家人陪同照顧。可惜，蘇老到香港的計劃不能實現，退而求其次，遂安排蘇老、郭先生和一位同行護士長住在深圳，繼續

這項撰寫計劃。蘇老先生一行，據他自己的日誌記錄，前後四十天，具體日期是 1996 年 1 月 8 日至 2 月 20 日。書稿完成後，清楚記得，在農曆大年初一上午，蘇老一行是從深圳機場直飛北京的。我清早由東莞老家趕到機場送行。在深圳機場，與坐在輪椅上的蘇老和郭先生閒聊，等待登機。談話內容大都忘記了，但記憶最深的，是蘇老輕聲的說了一句話。他說：「冬天的南方，真舒服，尤其是對上了年紀的人，怪不得每逢冬天，我們上了年紀的中央領導人，都喜歡南下了。」引得我們莞然一笑。

　　書稿記錄完成後，再由郭大順先生「窮數月之力，整出了初稿」。一有書稿，我們就全力急趕編輯和製作工作。此書我們已列為慶祝香港回歸、商務印書館建館百周年兩大慶典的榮譽出版。製作期間，不斷聽說蘇老先生身體日漸衰弱，進出醫院好幾回，我們趕製更急了。聽說蘇老先生情況不大好，稿已完成三校，我攜帶整份打印稿，專程赴京，直奔醫院，探望臥床的老人家並送上樣本讓他看看，好讓他知道書雖然仍未出版，但書的樣式已就，以慰老人家安心。學者最關心的是自己的新作。病房所見的蘇老，已不大省人事。病榻邊另坐着好幾個人，大家來不及寒喧，未有詳細介紹。記憶中有俞偉超教授。病榻上，蘇老一直閉着眼，我書稿的部分樣板，放在他的手上。突然，我見蘇老先生艱難的

張開了眼睛，瞧瞧手上的書稿，俞教授趕緊細聲告訴他這是他的書樣，不一會他再閉上眼睛。因為病院的規定，不好騷擾病人太久，我就告辭了。對臥病的蘇老先生，心內雖憂戚，但稍為安慰的，相信蘇老先生是知道新書快將出版了，多一件在世安了心的事。再據張倩儀小姐説，在我赴京探望之後不久，聽説蘇老先生身體狀況不成了，他的新書剛剛印好，尚未裝訂，遂由我們的製作部用人手裝訂二部，急送上北京，找同事趕赴醫院，送給蘇老先生看的。據蘇愷之教授所書的傳記，日期是 6 月 17 日。愷之教授説：「此後的一兩天裏，俞偉超、童明康等先後來探望時，都曾拿起這本書向他匯報。父親的眼睛只是睜開片刻，也似能聽懂一些，我們用大紙和水筆寫上『你的著作出版了』拿給他看，卻看不到他有什麼的反應了。」（蘇愷之書，頁 376）

世事總有意想不到的緣份。1941 年，年青的蘇秉琦先生撰寫的第一部著作，是交由商務印書館出版的。此後他再沒在商務印書館出過書了。六十年之後，在商務印書館建館一百周年之際，再接續前緣，由香港商務印書館出版了他最後一本著出版，而且是一本劃時代的著作。

「故宮三書」出版手記

這裏所説的「故宮三書」，是指《紫禁城宮殿》、《國寶》、《清代宮廷生活》這三部由北京故宮博物院與香港商務印書館合作出版、由我策劃並擔任責編的大型畫冊。這三部畫冊出版於上世紀的八十年代初，一晃之間，已是四十年前的事了。同道汪家明兄，首先引進故宮三書在內地出版，且一再出版。今又由香港商務印書館與廣西師範大學出版社重新編排出版。前塵往事，雁過留聲，不無「年壽有時而盡」，「未若文章之無窮」的興嘆。

説起這三部書出版的過程，真是「白頭宮女話當年」，沉澱的當年人事，一下子浮翩沓至。逝者懷之，生者念之；何況，此三書是本人編輯出版生涯初出茅廬的作品，這套書出版的成功，堅定了我此後幾十年的編輯出版理念和方向。

二十世紀中期，彩色攝影和彩色印刷已趨普遍，也適逢是先進國家經濟和文化的上升期。圖文並茂的大型圖冊的出版，無論是大眾圖冊（Coffee Table Book），還是高級的藝

術圖錄，大行其道，尤以歐美和日本出版的大型圖冊為盛。對於各方面仍大大落後的中文出版界，只有景仰的分兒。在香港，在日本，我也只能在書店中翻閱欣賞，且留下深刻的一個想法：「書可如此編寫和出版的」。隨着七八十年代國家的開放，以及政治和經濟、社會和文化的發展，備受海外各國的關注。在這種風潮下，連帶關於當代中國事情與傳統中國的歷史文化，也成為海外華人和外國人所喜歡閱讀的「熱門書」，圖文並茂的圖冊尤有需求。

開放之初，中國內地百廢待興，印刷和出版都遠遠落後於時代，所出版圖書的印刷水平，遠未能滿足海外和世界讀者的時代要求。至於圖文並茂、美侖美奐、閱來賞心悅目的圖冊的出版，落差更明顯了。其時的香港，經濟和教育已起飛，社會中產階層的文化要求已形成，而香港的印刷業又躍升至世界先進的行列。這些條件都是香港商務印書館和三聯書店，在香港首着先鞭，率先出版幾可與美歐、日本的畫冊比肩、有關中國文化藝術圖冊的時代背景。故宮三書，無論在主題立意、內容構想、照片質量、裝幀印製，中外市場的銷售，以至文化傳播的影響，自是其中的典範，始能歷久不衰。

三書中，首先出版的是《紫禁城宮殿》（于倬雲主編，1982年初版），也以《紫禁城宮殿》的出版過程最為艱巨和

浩大，所謂萬事起頭難。紫禁城是世界現存最宏大的古代皇宮，加上故宮周圍的皇家苑囿，構成了一個龐大的古建築群。紫禁城是承傳了中國幾千年皇城和宮殿建築的範式與建築技藝的集大成。紫禁城宮殿有六百多年的歷史，是明清二代皇朝的皇宮別苑，大小功能的各類型建築，一應保存。它的存在，不僅在中國，即使在世界的建築文化中，也是獨一無二、戛戛獨造的。既決定要合作出版《紫禁城宮殿》，自始，故宮博物院與香港商務印書館就以出版一本國際高水平、能打入國際市場為鵠的畫冊。1980 年初，在方方面面條件不足的情況下，要達成所設定的目標而要克服的困難，只能用「罄竹難書」去形容，有着「說不完的故事」。不說別的，偌大的紫禁城，要拍攝好高質量而兼及藝術和歷史功能要求的照片，就是龐大的工程。兩組攝影隊分頭拍攝，每天朝六晚八，全力以赴，一景一照的，足足花了三個多月的時間。其中的困難，只舉一樁，就可概其餘。在《紫禁城宮殿》一書中，只佔二個版面的乾隆花園內的「襖賞亭」和「流杯渠」的幾張照片，是故宮人員和攝影組的我們，花了兩天的時間，才打掃清理好、相信已有百年歷史的庭內「古董」的積塵，才能灌通了堵塞的流杯渠。其他如三大殿上三台螭首的排水孔的噴水、交泰殿的銅壺滴漏、後六宮的夜景等等，無一不費盡心思，動用不少人力，才拍成的。

　　《紫禁城宮殿》的主題內容是宮殿建築，舉凡傳統的宮殿建築理論、美學原理、工藝技術、構建規劃、應用材料、使用功能等等，無不囊括其中。書中既反映了現存紫禁城宮殿的宏偉華麗的建築，同時也展現了中國古建築的集大成。德國有一著名建築師，購讀了《紫禁城宮殿》的英文版，專函香港商務轉達主編于倬雲先生，說他雖然一直關注中國的古建築，一直不得要領。直到讀到此本書冊的英文版，才完整認識和了解了中國古建築的理論、美學和工藝技術等等，也為本書的出版而讚賞不已。

　　一件與外國洽談版權的實事，說起來仿如編造的。《紫禁城宮殿》的樣版稿出來後，我約好日本幾家大出版社，上門洽談日文版權。來到了日本著名老牌出版社中央公論社，社址是一座五、六層高的辦公大樓。聽我說明事由後，地層的接待處人員安排我就在接待處對開的會客座上等候。不久，一位編輯下來見我，客套話說過，他翻閱一遍我帶來的全書樣版稿後，跟我說，可否隨他上樓上。上的是二樓，入編輯室主任的辦公室。編輯室主任翻過書版樣稿一通後，跟我說，可否隨他上三樓見見總編輯。上了三樓，見了總編輯，總編輯同樣翻閱樣版稿一遍後，又說，可否隨他上四樓。上了四樓，見的是社長。他聽了總編輯的簡單陳述和他們的意見，再翻動了樣稿，就對我說：「我們願意出日文

版，印數是四千冊。」一錘定音。在幾十年的外文版權的洽談中，如此爽快俐落，是首見也是僅見。最終畫冊我們卻交由日本規模最大、也是出版畫冊最著名的講談社出了日文版。在 1980 年代，中文圖書如此受肯定，受青睞，是不容易的！

　　第二本出版的是《國寶》（朱家溍主編，1983 年）。如所周知，原紫禁城宮殿後來成為享譽世界的故宮博物院，是國家規模最大、最重要的博物館，藏品達百萬件，加上原紫禁城內已成為文物的裝置，數量更為龐大。故宮藏品從上古到近代，源遠流長；藝術文物種類，包羅萬狀。如何讓故宮的藏品不再高不可攀，不再遙不可及，而可以走進社會大眾的視野，這是策劃《國寶》一書的立意，讓社會大眾從故宮龐大的藏品中，認識百件國寶中的國寶；並透過百件國寶，了解中國幾千年藝術發展的脈絡；學懂如何欣賞每一門類的藝術。主編和撰稿者對選取的國寶，既有深入淺出的論說，也逐一作簡明的闡釋。照片是由故宮博物院首席攝影師胡錘先生操機，並經反覆的挑選。這是一本系統而深入淺出、圖文並茂的圖冊，適合有中等以上文化水平的讀者閱讀。《國寶》一面世，立刻風靡海外，連地少人稀的新加坡，也銷出了三千冊。

　　第三本是《清代宮廷生活》（萬依、王樹卿、陸燕貞主

故宮博物院

萬雄先生　收到來信和兩次寄來的裱裝剪報，又收到惠寄《國寶》一冊，謝謝。我因事到上海鎮江、揚州，最後去南京講課十天共一個多月回來始先覆。二次的裱裝報及《國寶》連續周轉，迄此《國寶》八月中旬交稿，四個月印出版真是令人高興，這是李祖澤先生和您還有潘尤二位先生的努力結果，製版和空情的配合每書得力，我衷心感謝……

前者電視採訪的人是賓們我借去「別姬」錄音一盒，照片兩張當時言明用畢交回，務印去陳、俊、尤三位是專轉交我擱來始神代我辦理。

另外萬雄有我作專訪記承過望乃進行，係柳喬用的宮內陳設照片三張及暗內照片一張用畢亦請寄回為望。潘先生有我拍攝多張亦請先賜，去辦芳齋與大家議事一張為佳（如暫收存所刊）。

餘情後請凡晷諸神健爲……即候

撰安

朱家溍

朱家溍先生信札

編，1985 年出版），這是全面揭開清皇朝九代皇帝生活過的紫禁城宮殿和皇室園囿神秘面紗的第一本圖冊。皇宮御苑，既是皇家內廷生活的禁地，也是皇朝森然的政治外朝。內廷與外朝，只是一殿之隔，卻是二千年中國皇朝體制的宮殿格局與統治中心，神秘而森嚴。所以《清代宮廷生活》是第一次全面披露二千年來中國皇宮別苑的實況。從世界博物館而言，也有不少原屬皇宮的博物館，如法國凡爾賽宮、俄國的冬宮和夏宮等，但只有故宮能完整無缺、大小無遺地保存着三百年清代朝廷內苑的原樣和文物種種。煌煌一冊，讓我們讀其書，如劉姥姥之入大觀園，目不暇及，嘆為觀止。

利用彩色攝影和彩色印刷等新科技，出版圖文並茂、深入淺出，面向社會大眾的圖冊，目的在更好地弘揚中國的傳統文化藝術，提升社會的文化素養。這是我入行以來的編輯出版理念，與我崇信「文章為時而作」，學問在於「經世致用」的理念是相一致的。「故宮三書」的成功，堅定了我這樣的出版理念和編輯取向，努力探索，孜孜不倦，於茲逾四十年了。

如今，音貌笑談宛在的于倬雲、朱家溍、萬依等先生均已棄世，令我憶念不已。就香港商務與廣西師範為三書新版的出版，賦予圖書新的生命之際，對故宮博物院與香港商務印書館四十年來篳路藍縷、同心協力，為中國文化的承傳

和弘揚，為社會和大眾文化的提升，開出一片天地，相信會成為中國出版文化史的一段佳話。作為一個出版人，四十年來，能預身此段出版文化的盛事，何幸之有！

出版人生添風采
——故宮因緣三十年

　　每抵北京,走入或經過故宮,甚至平日只是見到關於北京故宮的一些報道,總浮現出一幕幕人與事的回憶。本是宮外人,卻因出版事業的牽動,竟與故宮結下了深厚的因緣,為人生添了風采。

　　回顧一生的出版生涯,離不開「北京故宮」這一章,而且是濃墨重彩的一章。自 1982 年的初次合作,到 2013 年的退休,我作為香港商務印書館的一個編輯和出版人,與北京故宮博物院在出版上的合作,足足有三十年。這樣持續而幾乎無間斷的長期合作,相信在中外的出版界,不論機構或個人,也屬罕見,也是我個人的幸運。合作時日的長短和項目的多寡,是一回事。最值得我們引以為傲的是,四十年的過去,檢點一下合作的成果,應該無負於故宮博物院長期的信賴和通力的合作,出版了不少經典性、足可以傳世、兼且有廣泛文化影響的出版物。作為一個有文化追求的出版社和出版人,最大的願望和安慰,無過於此。

　　我是 1980 年伊始，由日本負笈回港即入職香港商務印書館的。在日本留學的三年多，是日本稱為「戰後出版黃金三十年」的後期，亦是日本躋身於世界五大出版國的年代。不說日本在其他方面的出版狀況，就以題材新穎、印製精美，或大開本，或規模宏大、動輒達二十卷的圖錄的出版，很風行；每年各大出版社，競相出版，蔚然成為日本社會年中的文化盛事。這在中文出版世界仍處於「萬馬齊喑」的年代，自然眼界大開，從中也認識了文字圖書以外，圖文並茂的大型圖錄出版的潮流。嗜書和喜逛書店的我，每到書店，對這些大部頭的圖錄，不少更是關於中國文化藝術題材的，自然興味更濃厚。翻閱觀摩，細心品味，樂在其中。這樣的幾年留意和觀摩這類圖錄的出版，日積月累，潛移默化，竟從中領悟了出版這行業的一些門路，也似曉得圖錄出版的一些眉目。這是留日前始料不及的經歷。

　　剛進入香港商務印書館，適逢沈從文先生圖文並茂的鉅著《中國古代服飾研究》的出版。此書的面世，在海外宛如雨後春雷，為學術文化界所矚目，在出版上也取得很好的成效。時任香港商務總經理兼總編輯的李祖澤先生，首赴德國，參加了國際上著名的「法蘭克福國際書展」，從中了解到文化藝術圖錄的出版，是國際出版的其中一大亮點。他也體會到，隨着中國的開放，要認識現代中國和中國傳統文化

藝術的世界圖書出版勢頭，日漸熾熱，因而決定為香港商務開闢有關中國文化藝術大型圖錄的出版方向。我入職商務，正好碰上這種機遇，開啟了與北京故宮出版合作三十年出版生涯的篇章。也可以說，商務印書館與北京故宮出版的合作，成就了香港在中國內地改革開放的初期，在出版上，通過北京故宮的題材，邁向現代出版水平，打開國際圖書市場，擔負了讓中國文化走向世界的先鋒角色；而在中華文化藝術的弘揚上，起過時代的作用，作出貢獻。這是香港一頁亮麗的出版文化史。

香港商務印書館和我個人，跟北京故宮出版的合作，始於《紫禁城宮殿》畫冊（1982 年）。這是一本從大文化的角度，去展現中國傳統宮殿建築理論、藝術和技術的大型畫冊。題材的新穎，攝影的華麗，設計的現代，印製的精美，在中文出版界，可謂一時無兩，大受歡迎。該畫冊先後出版了多種外文版，出版的都是世界一流的出版社。在當時仍然相當落後的中文出版界，這是很不容易的成果。在洽談外國版權的過程中，愈發讓我們了解何謂國際性和現代化的出版；其中也有讓人發噱卻足可思考的出版故事，這裏無法細說了。在這裏，想說說此畫冊出版後的兩件事，以見其影響。

首先，英文版出版後不久，我們收到了一位德國建築學

者的一封來信，託我們轉交《紫禁城宮殿》的主編于倬雲先生。信中內容主要説，他對東方建築藝術和理論的認識，主要來自日本的有關著作，對中國的建築藝術和理論毫無認識，但卻一直期待有機會去認識。到閱讀過《紫禁城宮殿》的英文版，尤其是主編于先生的一篇「專論」，才明白了中國古建築的理論和藝術，並表示感謝云云。看過了來信，感慨良深。二十世紀初啟，中國已出現了以梁思成和林徽音伉儷為代表的一批中國古建築專家和學者，以世界的視野，現代的理論，去考察、研究和重新解構中國古建築的理論和技藝，篳路藍縷，成績斐然。可惜當時的中國，正陷於內憂外患、危急存亡的民族險境，政局動蕩，社會物質匱乏，無從將專家學者苦心孤詣的考察和研究成果，很好地予以出版和傳播。雖然經過六十年的幾代人的努力，世界人士對中國的傳統建築藝術，仍然認識不多不廣。即使到了上世紀八九十年代，國際上開始流行關於東方古建築藝術的圖書，尤其大眾讀者很有興趣的園林建築，但大都是關於日本的。因為日本的出版發達，這類圖書出版得多，得以傳播於世界。從中我們體會到，圖書出版的盛衰，對一個國家民族文化傳播的影響之大，是不可以低估的。所以在上世紀八九十年代，香港的商務印書館聯同三聯書店、中華書局，致力於出版有關中國園林藝術的圖錄，也是基於這種認識和信念。

　　由於中國的日漸開放，中國和世界各國國家領導人互訪的外交活動漸多，所以中國外交部特別向我們訂購了一批《紫禁城宮殿》作為國禮。據我所知，日皇裕仁、英女王伊莉莎伯二世和尼泊爾王等，都曾獲贈過此書。

　　《紫禁城宮殿》畫冊出版的成功，讓故宮與我們堅定了合作的信心，再接再勵，接連合作出版了《國寶》（1983年）和《清代宮廷生活》（1985年）兩本大型圖錄。不要少覷一本畫冊，在那個年代，故宮動用的人力和物力，與我們投入的編製出版，都耗費不少。現在社會經濟條件好得多，出版容易得多，所謂要知道，此一時彼一時也。三本畫冊的出版，要「白頭宮女話當年」，都有說不完的故事，這些故事其實也是時代的折射。這三本圖錄，內容囊括了北京故宮博物院的歷史建築、文物藝術珍藏和宮廷生活的三大方面。這被稱為「故宮三書」的畫冊，四十年過去，至今依然在圖書市場上流通，仍具生命力。

　　到了八十年代初，香港已晉身為「世界印刷中心」之一。在亞洲除了日本，只有香港能印製國際最高水平的圖書。這種情況，是八十年代起，香港能出版國際水平的圖錄，同時作為彈丸之地、出版文化資源單薄的香港，能躋身為「中文出版中心城市」的基礎產業條件。

　　「故宮三書」出版後的往後幾年，我們與故宮繼續合作

出版一些較小規模的出版物。1992 年，是中國出版歷史最悠久的商務印書館成立九十五周年，我們再次合作出版了一大型畫冊《國寶薈萃》（上、下）。此畫冊的出版，牽動了兩岸的兩院兩館，無疑是一次具時代意義的策劃。

《國寶薈萃》，是兩岸南北故宮隔絕了六十年的第一次合作，開始於兩岸開放的前夕。《國寶薈萃》的出版緣起、籌劃及其編製的經過，筆者曾撰〈涓滴之水可以成江河——《國寶薈萃》的出版與兩岸故宮的合作〉一文作過介紹，此處不擬重複。此畫冊由兩地故宮各精選 135 件頂尖珍品薈萃而成。主編是北京故宮的楊新副院長和台北故宮的張臨生副院長。這本畫冊出版後，我到台北參加書展，蒙當時台北故宮博物院秦孝儀院長的接見。一見面，他就向我說：「你們港台兩家商務印書館，對中國文化藝術的傳播，做了一件很有意義的事。」

三年後的 1995 年，我們與北京故宮，又做了一項很前衛的出版合作，出版了新媒體的《紫禁城 CD-i 光盤》（其後再出版成另一種新媒體制式的 CD-ROM）。這不僅是中文出版界的創舉，放之世界，也是開創性的出版。這產品在法國康城的國際新媒體展覽中，獲得了亞洲地區第一個取得的國際多媒體大獎，且很受國際出版界的關注。這產品的出現，代表了輝煌的中國文明的北京故宮博物館珍貴藏品，雄偉巍

峨的紫禁城宮殿，透過立體的多媒體展示，讓世人大開眼界。自此在世界出版界，一說起「紫禁城宮殿」，一說起香港商務印書館，大家都變得熟悉了。

說到香港商務印書館與北京故宮的出版合作，無疑以《故宮博物院藏文物珍品全集》（60卷）的出版工程最為宏大。《全集》於二十世紀的1997年起動，到二十一世紀的2010年才大功告成，足足費時十二年，所以我們冠之為「跨世紀的文化工程」。

八十年代，我們與故宮成功合作了《紫禁城宮殿》、《國寶》和《清朝宮廷生活》三種大型畫冊。沈從文老先生每見面，一再向我進言說故宮和商務應該合作，利用雙方的優勢，出版故宮藏品大系，以饗廣大的讀者和研究者，並說這是世界先進國家都會做的文化大業。沈先生一再的進言，我也明白沈先生是出於不甘落後於世界的願望與一直倡言「古為今用」的信念。但是我不敢動此念頭，深知這樣規模的出版工程，絕非香港商務印書館的財力和人力所能承擔的。對沈老的美意只能支吾以對，更不敢向故宮當局有關領導提起。直到九十年代中，時擔任故宮博物院副院長的楊新先生和幾位院領導，特意約我談了好幾回，最初我仍是敬謝不敏。經二年幾次洽談，終被說動。當時正是香港商務經營得很順利的時候，一時雄心勃勃，估計如果分年出版，是可以

擔負的。又得到了香港聯合出版集團董事長兼香港商務印書館董事長的李祖澤先生的同意和鼓勵，決定接受這次合作，啟動了這個「跨世紀的文化工程」。

工程既起動，就義無反顧了。幸得北京故宮博物院全力以赴，幾乎動員了故宮的所有專家和相關人員。這樣一項規模的出版，對香港商務印書館來說，猶視之為以繼承商務印書館出版《百衲本二十四史》、《四部備要》等大叢書出版的傳統，擔負着承傳中華文化的使命。當時決定出版的勇氣，或者來自這種文化使命的驅使。

俗語說，好事多磨。九七後隨即遇上了世界性的金融風暴，在香港如同百行百業，圖書經營和出版都受到了重大的衝擊。故宮全集的出版工程既已開動，停不了。其間經營過程的艱辛，不足為外人道。最後《全集》經十二年不懈的努力，終於如期、高質的完成。這不能不感謝故宮當局的領導和故宮專家，是基於文化傳承的千秋大業的信念，與通力合作的結果。

《故宮博物院藏文物珍品全集》（60 卷）至今仍是香港商務印書館最龐大的出版項目，也是我個人出版生涯中主持過的最大型出版工程。

另從文化學術的角度，《全集》的出版，有兩方面是值得一說的。

　　首先，在出版《全集》的時候，無論故宮照片拍攝的水平，香港的印製條件，都可以出版成開本更大、更豪華的版本。但我們與故宮達成共識，《全集》的編輯取向和出版宗旨，強調了三點。一、這是一套供廣大學者、專家甚至是一般讀者，作研究和欣賞學習之用的圖書。開本和裝幀，在於用家方便，價格合理，不一味追求豪華，終成束之高閣的觀賞品。二、《全集》要求反映了當時故宮博物院的學者和專家們的學術研究成果，非只是珍藏文物圖片的結集。這是故宮一套以其藏品和累積的研究成果，呈獻給學術文化界的圖書。所以無論總論、分論、圖片說明以至文物的標注，極重視其學術性。這樣的要求，無疑為《全集》的編撰增加了很大的難度。所以《全集》雖說是圖錄，其實是百分之百的著作。作為出版社，能完成當時故宮最龐大的《全集》的出版，固然是一種成就；另外，能協助故宮將積蓄已久的研究成果，有系統地公佈於世，更有意義。三、《全集》啟動的時候，就我個人的了解，故宮的專家和研究人員正處於青黃不接的狀態。老一輩專家學者大都年逾古稀，中間一輩在教育上大都不同程度受過「文化大革命」的干擾，年青一輩是開放後陸續入職的大學生和研究生，學養和實際經驗尚淺。在這種研究和撰寫力量青黃不接的時候，《全集》的每卷，都採用老中青結合的撰編形式，中、青代得到了老一輩專家

的指導和面授，無異加速了故宮全面的學術傳承、交接和提升，意義非淺。

在完成《全集》的基礎上，香港商務與故宮繼續合作，在出版文化上，有兩個方面是值的說說的。我們利用《全集》豐富的珍品，再次開發成大眾化的文化讀物。諸如深受讀者歡迎的《名家大手筆》和《翰墨風神》兩套叢刊。這些較大眾化的出版，有點「舊時王謝堂前燕，飛入尋常百姓家」的味道。以往藏之深苑的珍貴藝術品，讓廣大藝術愛好者，隨意入手學習和欣賞。正如五百多年宮禁森嚴的明清兩代皇宮紫禁城，開放給中外遊客，成為可隨便遊覽的名勝。

我退休後，香港商務印書館與故宮的一項重要合作，是出版了改編版的《故宮全集（英文版）》（20 卷）。這是邀請了香港翻譯界著名的教授和專家，合力翻譯而成，工程浩大，文化意義尤深遠。該英文版應是故宮至今出版規模最宏大的外文出版物。另外有不應忽略的出版意義。中國幾千年豐富多樣的工藝，有成千上萬的專有名詞和用語，卻缺乏完整的中外對照翻譯的工具書，這造成中國文化和藝術國際化的一大障礙。二十卷的英文版，內容涵蓋了中國傳統工藝大量的專有名詞和用語，香港的翻譯者沒有足夠的中外對照的工具書作參考，只好耗費大量的時間和精神，對書中涉及的大量藝術門類的專有名詞和專有用語，逐一了解和推敲，創

出合適的譯詞譯語。所以，這二十卷的英文版，無疑是集香港翻譯名家，為中國工藝添補和釐定了大量中外對照的專有專用詞語。這是一種潤物無聲、極耗心力的文化工作。但是，對中國文化藝術和翻譯藝術，貢獻是巨大的。這也發揮了香港學術文化界的優勢。就這一項翻譯上的貢獻，在已有二十多年歷史的「東亞出版人會議」圖書評獎大會上，也深受日、韓選委的認同，讚許其在國際文化交流上的重要意義。英文版的《故宮全集》也被選為年度「東亞最佳圖錄類圖書優勝獎」。

以上是我個人近四十年與北京故宮在出版合作上的大概，這樣的因緣，也為我的出版人生添了光彩。我常常向熟悉的朋友說，能為故宮做出出版上的一些成績，完全是一種機遇，踫上了好時光。香港商務印書館幾十年來所以承擔了故宮的重要出版，或者說香港在過去幾十年所以在中文出版扮演了相當的角色，是不失時代的需要，把握了機會，盡過自己的責任的表現。這是關心香港日後的前景的人，可以深思的！

很多故宮的朋友時有問起，我既與故宮結緣如此之深，何以不見我撰述一些關於故宮的人和事的回憶。實情是與故宮結緣四十年，雖然是宮外人，但可說、可記、可念、可感、可謝的人和事太多了，總有不知從何說起的慨嘆，反不

好寫。幾十年與故宮的結緣，除了工作上的關係，與故宮中人，不少情同師友。已棄世的前輩，對他們的道德文章和生前對個人的相知和關愛，尚欠文章追憶，一直耿耿於懷。追憶故舊，發師友潛德之幽光，是中國人的一種人文精神，也是一種文化的傳承。期之有日，能一一寫出來。

幾十年之能完成故宮眾多的出版項目，香港商務同仁為此付出了不少的努力。尤其後期與故宮合作的幾大出版項目，曾任香港商務印書館總編輯的張倩儀小姐，是實際的操辦者，貢獻良多。

今適逢故宮六百年的大慶，承《美術家》雜誌主持趙東曉總經理誠邀撰文，僅略道個人在出版上的所及以應，並以此文祝賀故宮六十年大慶！

原載《美術家》（香港：集古齋），第七期，2020 年。

涓滴之水可以成江河
——《國寶薈萃》的出版與兩岸故宮的合作

　　文化和教育，作為事功，常常是不起眼的。「細水長流」和「涓滴之水可以成江河」，才是文化和教育的本質。文化和教育的事功，是最不應該功利的。文化性的事功，十年前不可想像的設想，可以成為事實；只是泛起波瀾的作為，可以蔚成大流。數十年出版生涯，有不少這樣的體會。

　　近年赴台北，每到台北的故宮博物院，大陸來的遊客，川流不息。禮品大廳，更是人頭湧湧。排着幾列長龍購買紀念品的，大都是大陸同胞。顯然，遊客是衝着「故宮」和「國寶」而來的，不管對文物和藝術懂與不懂，大眾對於文化和藝術，都是慕名而後漸認識的。這就是博物館的功能！四十年前的自己也是如此。上世紀七十年代初，為撰寫論文，搜集資料，初次赴台。既到了台灣，搜集研究資料外，最想趁機參觀的，首選是台北的故宮博物院。一個窮學生，旅費是東拼西湊的才能成行，多行走是不可能的，故宮外，

另只去一遊日月潭。當時大陸尚未開放，未參觀過博物院。這次到台北故宮博物院，是頭一次，真如劉姥姥入大觀園，眼花繚亂。匆匆的遊了一遍，還在禮品部選購了朗世寧的《百駿圖》長卷的複製品及一些小紀念品。買了禮品，往後兩頓只好以水果代飯。那時對文物藝術，沒多少認識，逛故宮，購《百駿圖》，只是出於慕名。不想日後竟會與南北故宮打交道了幾十年。

前幾年，由於兩岸局勢稍緩，南北故宮也啟動了交流。2009 年新年伊始，紀錄片《台北故宮》在中央電視台熱播。同年，故宮在台北合辦了「雍正大展」，新聞報道說，譽為開啟了六十年來南北故宮交流合作的歷史性突破。這種說法當然是真實，但早在之前的二十年，南北故宮曾有一次歷史性的出版合作，在文化上歷史上，很值得一記的。

為慶祝商務印書館九十五周年館慶，兩岸三地的商務印書館各自分別籌劃慶祝活動。時擔任台灣商務印書館的總經理張連生先生責成我，策劃一項可供港、台兩館共同合作出版的計劃。因為曾策劃出版北京故宮的《國寶》一書的成功，亦考慮到港、台的商務印書館，分別與北京和台北故宮有過重要的出版合作，關係良好，遂建議港、台兩地商務共同合作，推動南北故宮博物院合作，出版一本匯集兩地故宮藝術最精品於一爐的畫冊。這個建議是相當大膽的，因兩岸

關係雖漸趨緩和，但官方尚未正式開通，是否可行和成事，真是未知數。但做事總得要敢想，敢嘗試。不期台灣張連生總經理積極響應。遂由我擬定編輯出版方案，與台灣商務商定，就分頭游説兩地故宮。這是一項對兩地故宮、對兩地商務都具劃時代意義的文化合作，也可以讓讀者一覽原故宮最頂尖的藏品全豹。

　　1988 年兩岸解凍，在 1989 年和 1990 年間，我們就密鑼緊鼓地開展這項計劃。其實在兩岸解凍之前的一兩年，「春江水暖鴨先知」，港、台之間，或者説透過香港，兩岸的出版界已開始互動，有業務合作的來往，而其中，港、台兩地商務亦較早接上了頭，開始有業務的往來。至於港、台兩地商務印書館如何接上頭，開展業務交流和合作，又是另一段故事了。這時擔任台灣商務印書館總經理的張連生先生，是未滿二十歲已進入商務的、一生服務於商務的「老商務」。他對商務印書館懷有濃厚的感情。雖然是財務專業出身，幾十年的潛移默化的影響，對商務印書館的文化理念和企業精神深有理解。一經時勢許可，接上了頭，一脈同源的感情，再加上優勢互補的業務開拓的企望，自始即合作無間。這項出版設想之所以敢於提出，經年來接觸，雖謂幾十年沒有聯繫，但港、台兩地的商務印書館，仍保持着商務印書館的文化理念和企業精神，這是合作的基礎。意向既定，

凡事有商量，合作計劃成敗與否，大家都不會有意見。關鍵在兩地故宮博物院。之前，香港商務印書館之於北京故宮，台灣商務之於台北故宮，都有良好的合作關係和合作成果，有可信賴的基礎。1982 年、1983 年和 1985 年，香港商務印書館與北京故宮合作，接連出版了《紫禁城宮殿》、《國寶》和《清代宮廷生活》三大畫冊，在當時較落後的中文出版界，此三書的出版，無異橫空出世，在文化價值，在市場，都極之成功。不僅風行海外，而且出版了多種外文版。甚至作為國禮，以之贈送給外國元首。台灣商務印書館在上世紀七十年代末，完成自民初以來，商務印書館爭取出版的未竟之志，與台北故宮合作，影印了卷帙浩繁的《文淵閣四庫全書》。如此大規模的圖書工程的出版，乃海外學術文化界一大盛事，轟動一時。兩地故宮與兩地商務合作成功的前科，是促成兩地故宮合作的信任基礎。

　　兩地商務與兩地故宮洽談過程，詳情已記不住了。以當時的環境，這項合作，牽涉面廣，情況複雜，各種障礙是很多，過程中踫上了種種的困難，是難免的，只能迎難而上。張連生老先生和我，各自鍥而不捨，出盡渾身解數，遇山爬山，逢水過水，豁出一份對中華文化傳播的真誠，終於説服兩地故宮同意合作。兩地故宮合作意向既定，則由香港商務執行編輯出版的實際操作。合作中，我們堅守幾項重要的

信條：一、維護兩地故宮方方面面的相對的公平。二、出版的過程，雖由港方經辦，但卻不直接操辦，從選品、攝影、編寫、裝幀設計、印刷到出版，每個環節無一不經台灣商務作中介，轉折協商。個中困難與現在看來是好笑和有趣處，都不少。即使最後完成了編輯工作，距預定的出版時間亦很緊迫，直到付印前夕，尚有不少技術問題要解決。如處理不好，合作項目恐有泡湯之虞。例如：兩地故宮的署名次序？北京故宮方面主編副院長楊新先生和台灣故宮主編副院長張臨生女士的署名次序？兩篇序言的安排？上下冊封面文物照片的選擇等等。每項協商也必須由張老先生和我分別三地電話溝通，擬出建議，必須取得兩地故宮的協商和首肯。付印前一晚，整大半夜我勾留在家中客廳，既要思量兩地故宮方面提出的問題，擬出建議，又要分電北京和台北溝通商量。到全部事情解決，翌日可以付印，才如釋重負。整個過程，雖說問題不少，困難也多，很費心思，但兩地故宮的領導和有關參與人員，甚能互信、互諒和互讓，積極解決內外的困難。整個合作過程，給我的感覺是，兩地故宮，正如兩地商務中人，雖隔絕經年，但出於同源共脈，承傳和弘揚中華文化的精神信念，是最重要的合作基礎。這是凡事從狹隘現實政治和經濟利益去考慮者，所不能理解的。

經兩年的籌劃和工作，1992 年，即商務印書館成立

九十五周年，上下兩大冊豪裝精印的《國寶薈萃》如期出版，作為館慶向讀者的獻禮。《國寶薈萃》是南北兩地故宮萬裏挑一的頂級國寶的匯集，出版了已逾二十年，至今仍是唯一的。

書出版後，兩地故宮都極之重視。北京故宮曾在紫禁城內最典雅、一般招待貴賓的「漱芳齋」舉辦了出版慶祝會。翌年，乘參加年度台灣書展之便，由張連生總經理通知安排，我專程到台北故宮博物院拜候院長秦孝儀先生和眾領導。心裏原先以為是一般禮節性的拜候。抵達故宮大門，台北故宮的人員已在迎迓，引領入內。跨進寬大的會客廳，已見廳內一眾夾道歡迎。秦孝儀院長站在主座上迎接。這樣的場面真讓我始料不及，也讓我這還算年青的，有點手足無措。我知道，在當時的台灣，舊的機構，或者說較傳統的機構，很重視禮儀。如每次到訪台灣商務，走進辦公室，同仁都會齊齊起身致意。甫上前站定，秦院長伸出手和我握手，並說：「歡迎！歡迎！」然後張總經理和我在他兩旁坐下。隨着說：「沒有什麼禮物送您作見面禮，只送您一個院紀念章留念」，並為我別在西裝上。然後向着我說：「陳先生，您們兩家商務印書館都為中華文化做了件大好事。多謝您們！」接着再說：「做這件事，我們不會統戰你們，你們也毋須統戰我們。我們都是中國人，是自己人，自己人是毋須

統戰的。統戰是對外人的。」秦院長說出這番話，我真感錯愕，不知如何答話。我們策劃出版《國寶薈萃》，完全從弘揚文化和出版上着眼，未想過統戰這種政治層面的事情。我與台館張連生總經理和台館同仁的合作和交往，不久就很熟絡，也是來自一脈同源和理念相近的親近。也不覺得我們之間有什麼的政治考慮。政治顧忌倒是有點，我們也盡量避免。大家之間的互相合作，也奠基於合理互信的經營考慮，繼承近百年商務印書館在文化教育上的使命與企業發展，是我們的黏合劑。秦先生這樣突如其來的一番話，才會讓我愕然。或許，秦先生到底是在政壇中人，這方面比較敏感和多些考慮，才會說出這番話，出發點也是善意的，也有道理。秦院長身材不高，顯得瘦削，相當儒雅，態度謙和，有長者之風。之後的談話，也很自然。此項合作，必然得到秦院長的支持，才能成事。我亦相信，南北兩地故宮的主持人，所以敢突破禁忌，排除疑慮，合作過程中，也能盡量互諒互信，弘揚中華文化的使命與一脈同源的親近，是主要原因。在台灣社會地位崇高的秦院長，對我仍算年青的後輩的到訪，如斯客氣和禮待，絕非因我個人，而是出於對近百年歷史而在文教上有大貢獻於中國的商務印書館的尊重。當然也可能是對我們誠意和認真弘揚中華文化藝術的努力的讚許。經此次合作，兩地故宮中人互通了訊息而漸有接觸往來。

　　此次合作，已過去二十年，參與其中的，或故去或早已退了休。此事只是文化長河的涓滴，對我，仍是感覺值得記下的。

原載《閱讀》（江西二十一世紀出版社），第 27 卷，2012 年。

君子之交的楊新先生

　　一生論交者多矣，於我來說，與楊新先生的交往和情誼，可以說是一種「君子之交」；從與楊新先生幾十年的交往和交誼中，也讓我明白了真正「君子之交」的涵義。

　　我一生從事編輯出版的生涯，離不開與北京故宮博物院合作的這段歷史。從 1982 年入行不久，到 2013 年退休，我代表香港商務印書館與故宮博物院在出版上的合作，長達三十年，而且幾乎沒有間斷過。以機構計，以個人計，相信在中外出版界，也不常見。與故宮博物院的出版合作，自是我編輯出版生涯中，屬濃墨重彩的篇章；在幾十年的合作中，對故宮的感情，與故宮不同輩份、不同工作的合作伙伴的交往和交誼，也成了人生不能遺忘的記憶。出版雖然帶有商業來往的性質，但是，圖書的出版，機構之間也好，作者和出版者之間也好，更重要的是共同有貢獻於文化、學術及教育的信念和情懷，基於這樣的信念和情懷，通過圖書的出版而潤育出情誼。所以在出版的生涯中，天南地北的，我交

了不少的朋友。

上世紀八十年代初、中期，故宮與香港商務合作出版的《紫禁城宮殿》、《國寶》和《清代宮廷生活》，在中文出版開始邁向現代出版的時候，在兩岸三地的出版上，甚至在國際間，大放異彩。九十年代中，我們合作出版的《紫禁城CD-i 光盤》，成為中文出版在新媒體上的先鋒性的代表作，在世界上屢獲殊榮。同期，結合北京和台北故宮、香港和台灣商務印書館合作的《國寶薈萃》（上、下冊），是兩岸文化合作的破冰之作。1997 年啟動的《故宮博物院藏文物珍品全集》（60 卷）的合作，屬跨世紀的文化工程，是香港商務印書館至今，也是我個人出版生涯，最大的出版工程。以上所舉的都是故宮博物院與香港商務印書館出版合作三十年的代表作。楊新先生自《國寶》起，一直是主要參與者、主編和主持者。換句話說，由於出版的合作，楊先生與我之間的交往和交誼，三十年來也沒有中斷過。而與故宮在不同階段、長達三十年的合作，也是基於一種在出版上的信任。

長達三十年的合作和交往，雖密切卻單純。我眼中的楊新先生，本質就是一個典型的中國讀書人、一位萃然的學者。這種看法，不因他的身份由副研究員、研究員到貴為博物院的副院長，而有所轉變。在退休前，我請朋友為我刻了二方閒章，一顏之以「依然白髮一書生」，以自詡，一顏之

為「書生意氣」，以自勵。或許由於這種書生的本質，與楊先生一直很投契，卻單純。他留給我的印象，也一直沒有改變：謙和、熱誠、善談、樸實、厚道、認真；雖然平日表情總帶有點靦覥，但說起學問的事，卻滔滔不絕，意氣風發。現在回想起來，我們幾十年的來往和交誼，都是在工作上，私下像熟朋友般來往酬酢，卻不多。除了做學問和工作外，也少聽他談及娛樂興趣的事。相隔一段時間沒有接觸，也不覺生疏，只要見上面，仍然很熟絡，談過不止，沒點兒拘束。這就是我體會到跟他「君子之交淡如水」的感覺，背後有着的是「志同道合」的牽引吧。

楊先生給我留下最初的深刻印象，情景至今仍活現腦海中。《國寶》畫冊的主編是朱家溍先生，而各門類和選品的說明，則由各專家分擔。初稿完成，作為畫冊的責任編輯，我專程到北京與朱老、院辦公室的吳空先生和劉北汜先生、攝影師胡錘先生等，全面檢討全書的面貌和進度後，再分別約見各門類的專家談文稿。清楚記得，跟楊新先生的約談，是在我下榻的北京飯店的房間。這還是我第一次與楊新先生見面。當時是冬天，但房間的暖氣卻悶熱得很，生長於南國的我，很不習慣。雖是初見面，我們也沒有多少客套，就細緻的商討稿件。其他如何討論，如何修改，都記不起來了。但一段文字的討論，卻讓楊新先生給我留下終生的印象：謙

虛，聰明，認真！每說及楊先生，我總樂此不疲說起這件事。事情是這樣的。當談到一幅畫的文字說明，楊新先生原初大概寫着「中國畫的特點是散點透視法，與西方的焦點透視法不同」。我跟楊先生說，這句說明太重要了。可是只這句話，如是專家看了，用不着你說；如果是外行人看了，卻仍然未弄懂。所以這句話，說了等於未說，很可惜。我再說，因畫冊的文字要簡明，每則不可超過150字。請他能否用數十字描述出中國畫的散點透視法與西方焦點透視法的不同之處。楊先生沒有不高興的樣子，也沒有拒絕，也不再問，不說話在思考，脫了髮的頭額在冒汗，不十分鐘，就改好了，改得也讓我稱心滿意！我盯着眼看他，沒有說出來。心在想，「這人反應真快，真聰明，真有才氣！」這是我對他的第一個印象，也是對他作為一生的印象。此後幾十年，與楊先生討論問題，不費勁，一講他就明白。下來的只是溝通、如何協調和如何解決而已。楊新先生是一個學者兼才子型的人，每出外，他很容易觸景生情，出口成詩。對我這個喜歡詩詞而不懂作詩吟詞的人，真是羨慕。我曾問他，你到外國也不少，何以不見你在外國作的詩。他說，在外國，大都是來去匆匆，走馬看花，欣賞風光，也是觀賞性的，挑動不了激情；對外國歷史文化因為疏隔，也甚少能牽動內心的感慨。這一段對話，讓我很受益，從中體悟了中國詩情畫意

的真諦！

　　跟楊先生在出版上的合作，最重要的是《國寶薈萃》（上、下冊）與《故宮博物院藏文物珍品全集》（60卷）。這兩項出版，楊新先生是主編和主持者。這兩大出版工程的推動和進行過程的困難，不是今天的情況可以想像的。如果故宮博物院和香港商務印書館，對中國文化沒有強烈的使命感，沒有時代承擔的使命感，純粹動用自己的資源，採用正常商業合作形式，在那個社會物資仍然匱乏的狀況，是難以成事的。

　　《國寶薈萃》，是南北故宮隔絕六十年的第一次合作，是兩岸開放前夕的合作。對《國寶薈萃》籌劃緣起、其間的過程等，筆者曾撰文〈涓滴之水可以成江河——《國寶薈萃》的出版與兩岸故宮的合作〉介紹，此處不再重複。可以補充的是，畫冊要上機印刷的前一晚，多項未解決的敏感問題，直到大半夜，經三地三個代表的協商才終於解決。三個代表者，北京是楊新先生，台北是台灣商務的張連生總經理，香港是我。

　　《故宮博物院藏文物珍品全集》（60卷），主其事和主編是楊新先生。這麼龐大的文化工程，所以會由香港商務印書館承擔，也是基於當時的社會條件。為了出版這套龐大的畫冊，香港商務印書館和主其事的我自己，承受的壓力是極大

的。而北京故宮院方也是全力以赴，幾乎動員了故宮的所有專家和相關人員，經整整的十年時間才完成。在香港商務印書館來說，稱之為「跨世紀的文化工程」，視之為繼承商務印書館出版《百衲本二十四史》、《四部備要》等傳承中華文化的龐大出版工程的傳統的一種使命。八十年代初，我們與故宮成功合作了《紫禁城宮殿》、《國寶》和《清代宮廷生活》三種大型畫冊。沈從文老先生見面時，一再向我進言故宮和商務應該合作，出版故宮藏品大系，以饗廣大的讀者和研究者。沈先生一再進言，相信是沈先生不要落後於世界的願望和一直倡言「古為今用」的信念。但我不敢動此念頭，這樣宏大的出版工程，絕非香港商務印書館的財力和我們的人力所能承擔的。對沈老的建言只能支吾以對，也從不敢向故宮當局和有關領導提起。直到九十年代中，作為副院長的楊新先生和幾位院領導特意約我談了幾次，也得到香港聯合出版集團董事長兼香港商務印書館董事長李祖澤先生的同意，才決定接受這次合作，開啟了這個「跨世紀的文化工程」。列為這全集顧問的啟功先生，每次見面總說，這個出版計劃太龐大，在文化上很重要，但他坦言，由於方方面面的複雜情況，也涉及大量的相關人員，進行過程會很艱巨，要我作好充分的心理準備。

這樣龐大的文化出版工程，靠香港商務印書獨力承擔，

財務和人力的壓力，異常之大。何況二十世紀和二十一世紀之交，在出版和圖書的經營上，都面臨着革命性的轉變。加上世界性的金融風暴等衝擊，其過程的艱辛，不足為外人道。最後全集終經十年的奮鬥，全書按計劃、保持高質量地如期完成。最大的原因，故宮當局的領導、不同世代的各種專家，通過過往的合作，對我們有一份信任感，他們在不同崗位，都盡力配合和協助。在完成和出版好全集的大前題下，大家互諒互讓，過程比動工前的想像，還是順利的。這裏，我必須強調的，作為這個大工程的主持和主編的楊新先生，起了最關鍵的作用。說比想像中順利，只是便宜的説法。六十卷的編撰、攝影、編輯和各種行政工作，工作量之大，人際的溝通協調的複雜，其中困難，不言而喻，大大小小的事最後都壓在楊先生的身上。楊新先生不愠不火的處事態度，誠懇待人的性格，敢幹敢承擔的使命感，基於專業學問和豐富知識的判斷力，對全集的最終完成，居功至偉。

　　能完成這樣的跨世紀文化工程，在當時的故宮博物院和香港商務印書館，做出了時代的貢獻。從另一個角度，全集的出版對故宮博物院學術的傳承和提升，作用是大的，其中意義可能為人所忽略。

　　全集的編輯取向和宗旨，最大的支持和決定者是楊新先生，沒有他，即使出版了，也是另一番面目。在他生前我從

未向他表示過，但內心對他長遠的眼光和嚴謹的學術要求，衷心地佩服。我們希望全集在各方面，都能達到高水平的共識外，在編輯取向上，我們強調的主要在三個方面：一、這是一套供廣大學者專家甚至一般讀者研究和閱讀之用的圖書，注意方便使用，所以採用了小八開本，而非大八開。非求形式上的美侖美奐，而成了束之高閣的觀賞品。二、要求表現故宮博物院學術研究成果的畫冊，非只是文物的圖片集，是一套故宮以其珍藏和研究成果，貢獻給學術文化界的出版物。所以對總論、分論、圖片的説明以至文物的標注等方面的學術性，極之重視。這樣的要求，也為全集的編撰增加了很大的難度。所以全集雖然説是圖冊，其實是百分之百的著作。作為一個出版人，完成全集的出版固然是一種光榮，更高興的是協助動員了故宮積蓄已久的研究成果，適時而有系統地公佈於社會。三、通過每卷老中青三代的合作，中青代得到老一輩專家的指導和面授，無異是故宮一次大規模而全面的學術傳承，意義非淺。為了貫徹全集的編輯宗旨和出版的順利完成，由院方和楊新先生，前後組織了二次編撰者和參預者百人以上的交流和動員大會，達成共識。此後按文物門類和各卷分頭進行，陸續完稿，陸續出版。

楊先生的學術成就和對故宮的貢獻，故宮的朋友會遠比我認識，在這裏只就工作上的交往，談談個人對楊新先生的

印象，並表達了對楊先生的懷念。2006 年 11 月，到北京遊覽，知楊先生有病臥床，本擬上門探訪。家人怕楊先生見了面激動，影響調養的情緒而罷。離京前，承原故宮研究室秦鳳京女士捎來楊先生病中書寫的墨寶，接過手，深深感受到楊新先生所傳遞的情誼。

天書敦煌
——《敦煌石窟全集》的出版故事

　　策劃和主持過幾套關於中國歷史文化和藝術的專題大型圖錄叢書的出版，真是不枉三十多年的編輯出版生涯。二十六卷本的《敦煌石窟全集》就是其中之一。《敦煌石窟全集》的出版，有一段故事。

　　「敦煌」，在中國以至世界文明史上之重要，在 1900 年與北京圓明園之同遭劫難，對我這個唸中國歷史的，是有一定的認識的，但是認識不深不全。1984 年首度遊絲綢之路，初訪敦煌。雖然參觀過不乏上好的洞窟，但是對敦煌的歷史和文化藝術價值，仍不甚了了，算是打過照面，得過印象而已。承蒙院長段文杰先生和現任院長樊錦詩（時為副院長）的接見和講解，才了解到一些敦煌研究院的現況，留下了洞窟之外的一些印象。談話間，段院長提出，香港商務印書館能否合作出版敦煌藝術畫冊叢書。事後想起，段院長所以有此建議，或許已知道前此香港商務與北京故宮合作出版了《國寶》和《紫禁城宮殿》等大型畫冊。時座上的香港商

務總經理兼總編輯李祖澤先生，支吾以對，我更不敢置喙。所以有這樣的反應，我們心中是清楚的。香港商務印書館原本的經營僅可支撐，經過了「文化大革命」的折磨，積弱得很。八十年代初啟，乘中國開放的契機，開始重整。但百廢待興，業務雖有所扭轉，但是底子虛薄，出版了幾本大型畫冊，也是左支右絀的，經營規模仍少，豈敢貿然接下如此重擔！況且敦煌雖然是偉大的文化遺產，為人認識，說得不過分，大都僅聞其名而已。就以當時我們作為出版人，對敦煌的認識很有限，至於如何操作，使之成為可出版，供社會大眾有興趣購讀的選題，確無主意。

九十年代初作第二次絲綢之路遊，再到敦煌參觀。這次去前讀了一些關於敦煌的歷史和藝術的著作，增加了對敦煌的認識，參觀洞窟時，聽了導賞的介紹，也是一知半解的。參觀完畢，再承前任段院長和時任院長樊錦詩的接見。座談會上院方再說到能否與香港商務合作出版敦煌畫冊系列的問題。這樣叢書的計劃，太龐大了，實在不敢隨便答應，只好虛應回話。但是，再次來到敦煌，經十年編輯出版大型畫冊的經驗，讓我認真地琢磨，如何出版一本適合海外讀者的敦煌高級畫冊，以廣敦煌的流播。

席間，樊院長說到的兩件事，卻讓我心內起波瀾，一直揮之不去。一，她說：「八十年代初啟，香港邵逸夫先生雖

未能同遊敦煌，但聽代他組團來訪的原香港中文大學校長馬蒙回去向他報告，敦煌真是中國的偉大而寶貴的遺產，可惜的是敦煌洞窟內，牆上的壁畫，因缺少間隔的保護，參觀者可隨意撫摩，由於遊客日多，損耗日益嚴重。所以由於考慮海外的政治環境，不具名貢獻千萬元，建立鋼框玻璃架圍着，以茲保護。」並說：「邵先生傳來說話，『國家終有日有能力予以保護的，可是到中國有錢去保護的時候，恐怕文物已破壞了，所以我現在出錢保護，這是千秋萬世的事。』」作為一個歷史研究者，我自然關心起敦煌的研究問題。樊院長略作了介紹，話頭一轉說：「幾十年來敦煌研究院對敦煌的研究是重視的，但只是其次，首要在於盡量保護好敦煌。失一分保護，掉一分文物，是永遠的損失，無可補償。」她並告訴我們幾十年來敦煌研究院上下同仁，在極其艱困的環境下，作了多大的犧牲，為的就是保存和維護敦煌的洞窟。

　　在樊院長引領我們參觀洞窟時，回答我的詢問，在「文化大革命」期間，敦煌如何得保存下來。她說：「其時敦煌研究院內也有派系的鬥爭，甚至武鬥，但雙方都有共識，不能傷害破壞敦煌洞窟的文物。」這隨意的回答，讓我想起做故宮畫冊時，對故宮的朋友，有過同樣的提問，北京故宮中人，也有相同的答話。前後兩次到敦煌和絲綢之路，眼所見遊客是以日本人和歐洲人尤其是法國人最多。這是容易理解

的。日本和歐洲尤其是法國，是世界研究絲綢之路和敦煌歷史最興旺的國家，大量的出版，他們的民眾相應對絲路和敦煌的認識也最深。由此可見，中國人也好，外國人也好，如對其某些文物的歷史價值有認識，就會懂得欣賞，曉得珍重和保護。這是能普及歷史文化和藝術的另一種意義。

1996 年是世界規模最重大的書展──法蘭克福國際書展的「日本年」，也可以說是日本出版在法蘭克福國際書展中，最風光、最令人觸目的一屆。自此而後，隨着日本出版的長期不振，日本出版在這個國際書展舞台，風光不再，每況愈下了。我參與該屆的法蘭克福書展，也見證了日本出版界在這屆書展中的雄心壯志，並以炫耀日本傳統文化和展現未來發展，來建構其出版的形象，其目的是成功的。在日本展館，每屆攤位的規模總屬數一數二的日本講談社，在這屆特別引人注意的是，展出了一本二開特本、有關敦煌藝術的畫冊。我真受震撼。而美侖美奐的畫冊宣傳單張，一句口號也大大的刺激了我，大意是「敦煌在中國，敦煌研究在日本」，看了這句宣傳句語，讓我立刻浮現出近代史學大家陳寅恪先生關於敦煌所說的一句沉痛之極的話：「敦煌，吾國學術之傷心史也。」

着實湊巧，由法蘭克福國際書展回港不久，剛自北京公幹回港的綜合編輯部主管張倩儀小姐告我說，國家文物局屬

下的《文物報》主持人劉瑋女士，為國家文物局張副局長傳
來話，說希望我能上北京見面，與我商討出版敦煌全集的事
宜。為此我專程趕到北京直奔文物局。會面的是文物局的領
導張副局長和彭副局長，是希望香港商務印書館能與敦煌研
究院合作，出版《敦煌全集》。文物局兩位局長提出這個要
求，着實讓我為難。雖然經過十多年的打拚，香港商務業務
已大為擴展，經濟實力也比之前強得多，但是，要承擔《敦
煌全集》這樣大規模的出版，物力人力都力有不逮，而且海
外對如此高深專精的圖書題材，市場很少，經濟風險太大
了。何況，半年前我們剛與北京故宮博物院簽定了《故宮文
物全集》六十卷的出版合約。這個出版計劃，已是軼出了香
港商務印書館的經營實力，已冒着不少的投資風險。如再要
出版《敦煌全集》，實有心而無力。經兩天的商談，最後讓
我心動，傾向籌謀出版的，是他們告訴我的一段內情話。他
們說：敦煌研究院的研究專家，一生都奉獻給敦煌，幾十年
來，鍥而不捨的鑽研，才能對敦煌洞窟的各種塑像和壁畫，
理出頭緒，清楚其中的內容涵意，在學術研究上有所發現。
但是，如今大多數專家學者年事已高，大都六七十歲了。如
再不系統整理出版，他們耗費一生的心血會付之流水。他們
又給我透露，日本有兩個出版社願意合作出版，但是提出了
兩個條件：一、所有洞窟照片的拍攝，全由日本攝影師承

敦煌研究院和香港商務印書館終過十年的密切合作，首次按照專題分類的體例，成功推出《敦煌石窟全集》二十六卷。這是敦煌石窟多領域研究的新成果，敦煌學研究的新貢獻。希望通過此書的出版進一步推動敦煌石窟的深入研究。

樊錦詩書於敦煌莫高窟
二〇〇四年九月卅日

敦煌研究院樊錦詩院長 2004 年時的題辭，認為《敦煌石窟全集》的出版，是敦煌石窟多領域研究的新成果，敦煌學研究的新貢獻。

敦煌石窟全集——专题卷的出版，使世人更加深切地感受到敦煌石窟內涵的博大精深。

敦煌研究院

彭金章

二〇〇年八月廿六日

于敦煌

中國敦煌石窟保護研究基金會副理事長彭金章的題辭，指出《敦煌石窟全集》的出版，使世人更加深切地感受到敦煌石窟內涵的博大精深。

擔；二、拍好的照片，他們得完整保留一套。談話中，不知是說笑或是認真的，說如果日後敦煌石窟倒塌崩壞，日本有能力可以利用保留的照片，在日本複製一個敦煌云爾。以我對日本人的認識，日本方的人這樣說，並不奇怪。聽了這番話，再加上在法蘭克福講談社攤位所見，意氣油然而生。

回港後，我立即請示了時任香港聯合出版集團董事長兼總裁的李祖澤先生，並提議可動員集團內其他的出版社，共襄此個敦煌出版計劃。李先生聽了思量後說，由不同單位分散去做，很難成事，還是鼓勵我從香港商務獨立承擔去考慮，只要我認為可行，他會同意。當時我擔任香港商務總經理兼總編輯，在 1997 年金融風暴發生前，商務的經營很順暢，盈利也一直穩定增長。我思量，為《故宮》和《敦煌》兩套畫冊，每年撥出一定資金，去完成這兩項我們稱之為世紀文化工程，作為承繼商務印書館保護中國文化的企業傳統和精神，是應該和值得的。暗裏，我也發願，要更努力、更好地經營商務的其他業務，多賺盈利，以備完成這兩項重大的文化工程。定了調，我遂約會段院長和樊院長在北京協商，明白說明我們實無力實行按敦煌每個洞窟出版一本畫冊的龐大計劃，並提出建議按專題專冊的形式，全面揭示敦煌石窟歷史文化和藝術全貌的編輯方案。從我認識敦煌石窟的內容，也從歷史文化研究者和出版專業的立場，我介紹了分

專題專冊組合成叢書的優點。一、既然不能一下子出版每個洞窟一冊而匯成幾百冊的碩大無比的出版計劃,這種分專題專冊的組合,可以囊括敦煌全部石窟不同時代的不同內容,全面揭示了敦煌石窟所包含的方方面面豐富多采的文化和藝術。過往的敦煌出版物,偏重於佛教藝術,題材也多從美術和佛教着眼。實際上,敦煌石窟留下的壁畫和塑像,是中國中世紀千年歷史和中外文化交流史的龐大而集中的圖像史料庫,是認識和研究中國中世紀和中外文化交流不可或缺的珍貴材料。這種分專冊組合成叢書的編輯方法,打破了敦煌只供美術界和佛教研究者所關注的局限,而全幅展現了敦煌石窟多學科多元的歷史和文化價值。這樣的提議,最後獲得兩位院長的認同,遂在京簽下約,確定出版。

這套分類的《敦煌石窟全集》,每卷立案、撰寫、編輯、攝影等工程是艱難的。我自己實際參與是整個出版計劃的釐定、編撰方案的取向的最初工作,而全工程的推動和每卷的編輯編定的持續而艱辛工作,是後來任商務總編輯的張倩儀小姐完成的。這套二十六卷的《敦煌石窟全集》經十年才完成,跨越二十、二十一世紀之間。這套敦煌畫冊由構想、立意、編著質量、攝影和印刷,無疑可成為傳世之作。

原載《閱讀》,2013 年 3 月 31 日。

何炳棣「含着熱淚」寫
《讀史閱世六十年》

在上世紀六七十年代，我唸大學的期間，何炳棣教授已是國際級的知名歷史學者。我唸的既是歷史，自然認識在海外如此身負盛名的華人歷史學家。他的幾本名著，我也曾拜讀過，理解多少是另一回事。何炳棣教授與當時成立不久的香港中文大學頗有往來，因為校訊中時有他與中大的信息的報道。也記得，他在新亞書院曾作過公開的學術演講。何教授與業師牟潤孫、王德昭兩教授是熟人。牟、王兩師，在授課、在涉及學術的談話中，常向我們介紹何教授學術研究的成就和觀點。「文化大革命」期間，何教授一改純然學術研究者的風格，屢撰時評和專論，在香港報刊上發表，頗動輿情，亦不時拜讀。早年對何炳棣教授的認識，僅此而已。

與何炳棣教授的接觸，始於 1997 年商務印書館的百年紀念。是時正是我主持香港商務印書館的館務。香港商務印書館為慶祝百年館慶，舉行了一連串的學術、社會文化和出

版的多種活動。其中舉辦了一個主題為「二十一世紀的中國與世界」、面向社會大眾的學術講座。講座所以以此為題，實感於新世紀快將來臨，時勢湊泊，丕變多方，遂擬定了這個具前瞻性的學術講座。中國經過近十年開放和發展，與世界在經濟和政治上的關係，格局轉變。在全球化趨勢與電子技術迅猛發展的帶動下，無論經濟與社會發展，中國如同世界，同受重大的衝擊。我們遂選定了幾個特別關鍵的項目作為主題的具體內容。其中，要從大歷史大視野去審視、瞻望二十一世紀的中國與世界，學貫中西、名昭海內外的何炳棣教授，無疑是理想的人選。遂由我去信禮邀。何教授不久回信並予以首肯，真讓我們喜出望外。他的回信說：

萬雄博士惠鑒：

　　半月前曾因事外出，歸後奉讀本年十一月十二日惠書，得悉明年貴館百年館慶，一系列演講，總題為《二十一世紀的中國與世界》，並多承鼓勵，至感，至感。

　　幸棣對西方上古以至近代歷史尚有相當基礎，明春（至遲初夏）寫撰時務求所論諸節能為眾星拱月（換言之，必須對題），希望能略發前人之未發。

　　大約至明年之內可以集合近年已刊、待刊、待

撰有關中國文化及思想史（最近半世紀研究故意避
開思想史）之論文十餘篇，並《紅樓夢》「遊戲」
之作，作為一專冊。屆時當以首先請貴館審查為榮
為快也。　敬頌

　　冬祺

　　國燊博士乞代候

　　　　　　　　　　　何炳棣拜

　　　　　　　　　一九九六年十二月二日

　　誠邀何炳棣教授作百年館慶演講嘉賓事，粗心以及不善
保留文獻如我，大體過程雖然記得，細節已模糊。何教授的
這封信，卻清楚讓我記起了幾件關鍵的事情，涉及學術掌
故，故此說說。他答應作為百年館慶的學術演講嘉賓，並承
諾最晚至 1997 年初夏完成講稿。百年館慶紀念會定於 1997
年 10 月初，學術講座的舉辦，約略同時。該系列演講安排
的主講嘉賓和講題，順序分列如下。丘成桐教授（時為哈佛
大學數學系教授）的講題是《二十一世紀中國數學發展》；
陳原先生（時任中國社會科學院語言文字應用研究所所長）
題目是：《中國語文（漢語）：面對二十一世紀》；高錕教授（時
任香港中文大學校長）題目是：《從數理科學的發展看人類
未來及全球變遷》；何炳棣教授（原美國芝加哥大學歷史系

萬雄博士台鑒：

半月前曾閱拿紐約，歸後奉讀本年十一月十二日 惠書，得悉明年 貴館五年館慶一系列演講，總題為《二十一世紀的中國與世界》，並蒙垂鼓勵、主催、主席。

專稿必須大上之以近代歷史為相當根基，明春（至遲初夏）撰寫時務求所論沈節能為數星拱月（換言之，必須扣題），希望能略發前人之所未發。

大約至少兩年之內可以集合近年中文已刊、待刊、繼撰有關中國文化及思想史（最初半個世紀研究較言研究思想史）之論文十餘篇，並《五十構慶》"遊戲"之作，成一專冊。屆時擬以首先請 貴館審查發際學校也。敬頌

冬祺

謝森博士乞代候

何炳棣料
一九九六
十二月二日

何炳棣教授信札

湯遜講座教授）題目是：《二十一世紀中國人文傳統對世界可能做出的貢獻》。四位學者分別從數學、應用語言、信息科技學和歷史文化四個關乎人類發展的重要學科，去闡述他們對該主題的見解。二十年過去，回首去看，這四大主題仍然是中國面對世界繞不開的重大課題。其時的四位講者，亦是該課題的一時之選。時光荏苒，四位中何炳棣教授和陳原先生，已成古人。高錕教授後來榮獲諾貝爾獎，為中國人爭取了巨大的榮譽。丘成桐教授至今仍活躍於兩岸三地和世界數學界。這系列講座，事後結集成《二十一世紀的中國與世界──數理信息與語言文化》（香港商務印書館出版，1998年）以傳世，可惜書的裝幀設計太普通了，有負四位講者。我們能舉辦這個講座，能請得這四位學者主講，全賴「商務印書館」的歷史盛名和百年館慶之賜。可見在歷史上真做出貢獻的，個人也好，機構也好，終歸受到人們的尊重和尊敬的。

　　何炳棣教授的覆函中，除回覆答應演講之事。筆鋒一轉，又說及出版論文集的事。事緣去函，除了邀請何教授作演講嘉賓外，另邀他結集近年的論文成書出版。何教授屢言他從事學術研究半個世紀，着意避開思想史。他如此的學術研究思路，後來在自傳中，已有所解釋。讀者可以參閱，研讀歷史的，尤其值得細看。對何教授這樣的歷史研究思路，

個人經過幾十年的歷史學習和研究的體驗，大為贊成，可惜省悟太晚。研究歷史，有不同的範疇和方法，難軒輕重。思想史一直是歷史研究的重要範疇。研究思想史很吸引人，我自大學時期開始，鍾愛思想史。此後的研究亦側重思想史。正因如此，卻深深體會到，搞思想史，如果沒真學實證的沉潛功夫為根柢，思想史容易走歪路，容易從理論到理論，從概念到概念，蹈空浮泛。近二三十年，這樣誇誇其談的學者和著作尤其多。如果我們稍為回顧一下，近代以來，治史者之持論能行之久遠的，終歸是一些學問淵博，實證功力深厚的大學者。滔空泛論的，如放煙花，是瞬間的光輝。

信內何教授所提及他近年撰寫的一些文化思想和《紅樓夢》文章的結集出版事，才讓我記起，在邀請他為館慶作主講嘉賓之前，曾透過留學美國哈佛的陸國燊兄，聯繫上何教授的，並表示香港商務有出版的意願。事緣在《中文大學學報》和一些雜誌上，年來拜讀了他撰寫關於老子思想和紅學等文章。何教授雖以社會經濟史而名世，晚年這些有關思想文化和《紅樓夢》的文章，讀了覺得另有新見，一新耳目，所以動了出版的念頭。之前已託陸國燊兄作先容，演講邀請函仍表達了出版論文集的願望。所以，何教授其後給編輯和我的來信，都說及文集出版可見。1999 年 12 月 10 日他給編輯黎彩玉女士的信，說自己對撰寫的〈老子〉一篇論文的

學術價值，很有自信，並説，這篇論文是他「有愛、有憾、有血、有淚的文章——創下了考證辨理的新水平」。

1997 年 10 月，何炳棣教授為演講抵港並參加了百年館慶慶典，才有機會親炙，多次聚談仍敦促能早日出版他的論文集事。另外，我更向他建議，請他撰寫一本他的學術傳記。所以有這種的建議，全出於我的一種認識。他們這一個世代，是在近代中國完整地受過近代教育和學術研究訓練的第一代學人，也是中國近代真正意義上，在外國接受過現代學術研究訓練，並在現代學術體制下，磨練出來的第一代學人。他們這一代學人的經歷和體驗，是中國近代教育和現代學術訓練的見證者。更重要的，何炳棣教授是第二次世界大戰後冷戰時期，見證了以美國為首推動的、由過往「漢學研究」到「中國研究」的轉換期的見證者，並且是與身其間而學有大成的人物。

不管我們對幾十年來，美國漢學或中國學的研究如何評價，戰後幾十年外國的漢學和中國學研究，內中也包括了為數不少的華人學者的研究，這些研究已成為近代中國學術史的組成部分。也可以這樣説，中國研究已蔚為世界性的學問，成為世界文明史研究不可分割的部分。從這種認識去衡量，何炳棣教授是戰後世界漢學和中國研究華人學者中第一代的領軍人物。如果他寫成學術自傳，自必成為世界中國研

究史的珍貴文獻。同時他一生的學研經歷，也是中國由傳統教育走到完整現代教育的第一代的見證者，也是中國近現代發展過程的珍貴文獻。我就是用這兩重意義去説服何教授花時間和精力去撰寫他的學術自傳的。最後他也向我表示，待他完成思想學術論著編集後，再動筆撰寫自傳。

原本我以為我是鼓動他撰寫學術自傳的第一人，待他初稿完成後在序中披露，他的親密好友、諾貝爾物理學獎得主楊振寧先生，曾奉勸他撰述學術自傳了，相信他自己早有此打算而有所醞釀。我對他的進言，只起了點催生的作用。正如他在另一封來信所説：「《讀史閱世六十年》承你如此熱情關懷，甚至急不能待的建議先出上篇，令我十分感動。因此，在百般壓力之下，仍盡力趕撰（事實上無一處不精心）。」最後終於撰成，由我們出版。作為一個出版人，能出版一本傳世之作，是工作的最大回報。

何炳棣教授自 1997 年到香港演講和參加商務百年館慶，媒體多有報道。曾在「文化大革命」後期沉寂了相當日子的何炳棣教授，星光再現，再次在學術界，在社會文化界露鋒芒。百年館慶演講後，他不時受邀在香港的大學、中央圖書館講學和演講。同樣，作為台灣中研院院士，相當時間不跟台灣中研院聯繫的他，再受邀請到台灣開會講學，重新活躍起來。有一回，途經香港見面，他告訴我，台灣的中研

院極願出版他的思想文化論集。他再說，前此雖然與香港商務印書館有出版此書的默契，他直言由於考慮該書是一本學術論著，能交給如中研院這樣的學術機構出版最好。我也算是學術中人，深知學術著作出版的取向。何況當時邀約出版該稿，無其他考慮，只是一個出版人的學術承擔與對他研究成果的尊重。既然台灣中研院會出版，雖然我們失去出版一本好書的機會，不無遺憾，還是樂見其成的。何教授真是快人快語，說他的自傳決意趕寫並交香港商務出版。自此我們全力催生他的自傳的撰寫和出版。

　　何炳棣教授對他所撰的《讀史閱世六十年》，極為認真和重視。2006 年 6 月 29 日來信說：「《自傳》已撰篇章經本院（指台灣中央研究院）及來訪學人友朋數君評閱，大家的反應極好，皆認為有價值的章甚至認為是高教史、文化史、社會史的『寶庫者』。」同年 7 月 15 日的來信說：「至於書名，我數年前擬為《讀史閱世六十年》，並曾以鋼筆試寫於吸墨紙上。茲付上，乞請第每字剪下，新橫排成行。作者姓名用仿宋，我的楷寫姓名寫出來自己不滿意。苦在 1986 年頸脊椎手術後不能自為握管矣。這樣張乞先複製，然後再剪下重貼。」2002 年 1 月 25 日給我信，說該書是他「備坦誠深刻第一手含着熱淚說出來的東西」。對於該書兩岸版的出版安排，與出版後的流通，幾乎每封來信，都極表關注。

正如他自己說的「關注的不是版稅，是書的影響」，並囑咐我，希望「你至誠對我，對我這部書」。我們亦秉承強烈願望，盡力促成聯繫好內地三聯書店和台灣聯經出版社的出版。書出版後在兩岸三地大獲好評。很多他的朋友如楊振寧先生，很關心他該書的撰寫，並為此書的出版發行，對他多所建議和提示。他自己轉給我們他給教育學家周祖詒教授的信，說：「此學術自傳去年七月在大陸出版，第一版一萬冊一月內售罄，八月即出二版，可見大陸讀者不知多於港台幾倍了。」（2005 年 12 月 21 日）看來相當滿意。該書的內容和出版的多方面價值，也超出我們的設想。我雖不才，也忍不住撰寫了〈從陳寅恪到何炳棣──由《仰望陳寅恪》與《讀史閱世六十年》兩書說起〉（見拙著《讀人與讀世》，香港天地圖書、北京中國民主法制出版社，2008 年）一文作介紹和略作評論。因為，讀過了兩部書，我深深感受到一代史學大家陳寅恪先生和他的學生何炳棣教授，學貫中西，譽滿學林。學術的客觀研究外，滲透着對家國和中華文化的赤子之情，終生不渝。在何教授的來信中，這種濃厚的家國情懷也不難感受到的。

自踏入二十一世紀，香港教育當局和有些教育者，說因應時代要改革教育，結果摸不着頭腦，愈改愈亂。因為他們不知教育的真諦，常以功利實用和教育技術為取向，迷失了

教育的本意。我曾撰小文，呼籲他們不如看看《讀史閱世六十年》和約略同時出版的高錕教授的自傳《潮平岸闊》（香港三聯書店，2005 年），更能明白什麼是真正的教育？經百年的衝突與融合，怎樣才能結合中西教育的長處？怎樣的教育理念和方法才能出人才？

何炳棣教授是一代史學大家，他的幾本學術著作，都是富有創見而札實之極的傳世之作。晚年撰成的《讀史閱世六十年》亦屬可傳世的華章。因緣能催生該書的出版，述往事悼逝者，故以此故事以紀念和追悼已歸道山的何炳棣教授。

原載《閱讀》，2012 年 10 月 29 日。

由《笑文匯抄》説到鍾華楠先生

　　未見鍾華楠先生好幾年了，他年事已高，不想太騷擾。上星期，鍾先生忽然短訊約我午飯。久違而心念，欣然赴會。見了面，他先來個熊抱，仍舊熱情。雖然行動無以往的俐落，幸好依然精神矍爍，聲音響亮，幽默如昔。過八十歲的人了，應尊稱他鍾老先生了。但是，自認識以來，他一直對我稱兄道弟的，出於中國人的禮數。他年紀是我長輩，雖視我為忘年交，我一直以鍾先生稱呼他，不敢僭越稱兄道弟的，這也是中國人的禮數。

　　他這次突然約我午飯，原來鍾先生出版了新書，要送我。贈書的扉頁，並寫上了「幾十年前，你建議我集我們午飯的笑話成書。今《笑文匯抄》剛由貴社出版，現敬呈萬雄兄一笑！」的數行字。看了，我即問他，我們認識真有幾十年嗎？他斷言説，已逾四十年了。我很早認識鍾先生，不過如何認識，一時記不起罷了。如謂四十年，當是上世紀八十年代初的事了。後來盤算了一下，跟他認識應該在 1982

年。當時，由我策劃編輯的大型畫冊《紫禁城宮殿》面世。
該畫冊內容雖然是北京紫禁城宮殿，但主題重心，在介紹中
國傳統建築的理論和藝術，關乎建築文化。為引起香港建築
界的重視，曾為此拜候當時幾位著名的香港建築師，其中有
鍾先生和潘祖堯先生。鍾先生在香港是建築設計師，在建築
設計界相當有名，事業亦相當成功。舊太平山頂上的「爐
峰」這座相當長時間代表香港地標的建築物，就是他的作
品。鍾先生除了從事繁重的商業建築設計外，最難得的是，
同時究心於古建築藝術和建築文化的研究，在那個年代的香
港建築界，是罕有的。他與上海同濟大學教授、名古園林專
家陳從周先生熟稔。陳從老是我尊敬而往來甚密的忘年交，
有了這層文化相接、人脈相連的關係，跟鍾先生就熟絡了，
時常約會午聚。

　　1989 年，他應我之邀，撰寫了《亭的繼承──建築文
化論集》一書。2008 年商務編輯部再出版了他的《城市化
危機》這本書。這兩部著作，不僅談古建築和文化，應該是
中文著作中，從環境、社會、人文精神、文化傳統傳承以至
世界視野的全方位去探討「城市建設」的先驅。可惜未有得
到應有的重視。其後中國內地和香港的城市規劃弊病叢生，
未始不是輕忽了「書生空議論」。這次再由香港商務出版了
他的《笑文匯抄》，雖然不能與他上兩本著作相提並論，是

一本娛己娛人的輕鬆著作。三書題材很不同，性質也不一樣，但相同的，是不同方面反映了鍾先生的學養。對當前香港教育風氣，如何在香港培養出出色的人才，不無啟示的作用。

每次聚會，鍾先生喜歡講笑話，平添了不少聚興。他的笑話，中西古今，源源不絕，也佩服他的記性，所以屢勸他動筆寫下來，以饗大眾。所以新書題字才有「你建議」的話。他出版了這本新著，我全不知情，因早已退休之故。做編輯出版的，要「好事」，讓「好事」變成「好事」，再成「好書」就是一個好編輯。他終於出了書，固然為他高興，自己也與有榮焉。

講笑話，本就是世界各國各地社會日常生活的娛樂，傳統中國社會並不呆板，也不例外，流行各種笑話。只是分優雅、雅俗和庸俗甚至下流而已。以前坊間充斥了什麼「笑林」等林林總總的通俗笑話圖書，現在少見了。鍾先生這本《笑文匯抄》，是一本雅俗共賞的笑話匯集，有幾則可列為俗諺之列，應該是無傷大雅。書內每則再配上香港名插畫家馬星原先生的作品，更可讀了。近代大文豪林語堂不諱清譽，積極倡導幽默，鼓吹雅俗共賞的文化。或見識不廣，近代以還，願意整理和編寫笑話集的作者，很少見，尤其是一些能雅俗共賞的作品。雅俗共賞的笑話集，既可資茶餘飯後

蕭雄兄：

　2008年對我別具意義，我若由你的大力支持下，出版了《蝶有化危机》至2009年

　　祝好！

鍾華楠

2008

2009

鍾華楠先生手札

的助興，調劑情緒；讓人發噱之時，又不乏能讓人觸動一些人情世故的體會；佳者甚至在不經意間，增長人的知識。鍾華楠先生此書的出版，是當前既是整理笑話集的先聲，又能雅俗共賞，值得推薦。

笑話看似通俗，卻常常是民間大眾的智慧結晶。

鍾先生此書共笑話六十則，他自謙，說是「抄」，其實都是經他精心掇選和修飾過的。有些內容，部分文字帶上土話和俗語，整體文字卻雅純簡潔，真讓不少唸文史的感到慚愧。時代有遷變，我總以為一些年代久遠的「文選」、「詩選」以至什麼選集的，都要有有心人去重新編選和整理，使之更有「現代意義」。鍾先生此書就很有現代感。首先，全書內容不以中國題材為限，而涵蓋中外；不囿於古，而摘取了不少近現代新笑料。前者要博識，後者要入世，都不容易。鍾先生是廣東人，書內就有不少廣東土笑則。中國語文的聯對和字句轉換，是笑話的重要來源，書中就有不少由廣東話而造就的笑料。倫文敍這名字，現代人知得很少了。在上兩代人，倫文敍這名字，在廣東坊間，幾無人不識，自少我就如雷貫耳。倫氏被廣東人視為「第一才子」，「智慧化身」。經故事書和口耳相傳，傳播甚廣。鍾先生書內就有不少則關於他的笑話故事。從某一個角度，一個深受洋教育，工作生活相當現代化的鍾先生，竟幹起活化傳承廣東文化的

事，這才真是本土文化的活化，是一種文化功德。

　　對聯詩作，又是中國笑話特有的題材。笑噱之餘，又能讓人增長不少文學知識。近代史學大師陳寅恪先生在民國時期，曾為大學入學試國文科出了一上聯，以備考生應對。雖曾引起學界議論，但陳寅恪等學者，認定聯句，看似簡單，卻最能反映考生的國文水平和文字修養。鍾先生一書有不少詩聯對句的笑話。鍾先生是香港典型的「書院仔」，不圖樂於中國文學的三昧，難能可貴。以上一說，雖然是一本笑談集，卻反映了他學貫中西，融通古今的學養。

　　青年鍾先生，有一個求學的真經歷，我自聽過後，念念不忘，覺得很有教育意義，尤其針對當前的香港教育而言。所以在閒談中，在談有關中國文化的演講中，常引為例子。

　　故事是這樣的。

　　鍾華楠先生是香港著名建築師，原太平山山頂的「爐峰」這座曾是香港地標的建築設計者。他在香港著名書院畢業後，負笈英國，並進入英國最負盛名的建築學院，成為該學院第一位中國人學生。入學後三個月某日，他的英國指導教授邀請他和另一位希臘籍的同班同學，到他家作客。晚膳席上，該教授突然提出，要他們分別向他介紹一下自己國家歷史上最偉大的哲學家及其思想。聽了，希臘籍的同學說到了蘇格拉底、亞里斯多得和柏拉圖，滔滔不絕，充滿驕傲，

滿懷激情。到鍾先生，他只好一面尷尬地道歉，説不大知道中國哲學和文化，一面內心感到無地自容。這次作客後，鍾先生很快上倫敦的書店購買一些關於中國哲學家的圖書，並到唐人街，買了一些關於中國哲學文化的中文圖書。自此，不時託家人在香港購買了一些中文哲學圖書，努力學習。

　　翌年開學不久，該英國教授再邀請他們二人到他家作客。席間，又提出去年同樣的問題。這回鍾先生可不同了。不僅介紹了春秋戰國的九流十家的不同思想，並與希臘哲學作了些比較。該教授和希臘籍同學，對他真是「士別三日，刮目相看」了。然後，該教授才道出兩年來只邀請他們兩人到他家作客的原委。教授説，班中只他二人，一有希臘文化的背景，一是中國文化的背景，兩者都是人類最重要最古老的文明。在班中，如果只等同英國本土或歐美學生一般的學習，在歐洲西方的哲學思想很難比得上他們，如又不懂得善用他倆獨有的文化背景，日後成就不容易超越同儕，成為一位出類拔萃的建築師。兩次邀請他們並提出哲學思想問題，是讓他們明白這種道理。年青的鍾華楠，經明師的苦心指點，當頭棒喝，才自己再修讀關於中國的歷史文化知識。

　　鍾先生回港後，成為一位出色的建築師外，而且運用現代建築的理論和觀念，從事中國古建築的研究，頗有成就。他曾研究故宮紫禁城四邊城樓上的「閣樓」，認為閣樓的建

築結構，不僅已應用了建築上的「黃金律」，而且是一種多重黃金律組構的建築物，乃世界建築所僅見。此後，他時常到北京紫禁城，從事中國傳統建築藝術的研究；進而從更廣寬的視野，去關注和探討現代城市的規劃。在他那個年代的香港建築師，同時是古建築藝術的研究者，很少，能結合傳統建築去探索現代城市規劃的更少。他是香港建築界研究中國古建築文化的一位先驅。顯然，這是在英國時受到他的導師誘導他關心鑽研中國傳統思想文化有關。

鍾先生的這個學習故事，蘊藏了一個很普通但卻多為人輕忽的，即傳統歷史文化的教育，可以成就大才的道理。傳統文化的教育基礎，可成就不同方面的人才，不拘限於人文學科而已，鍾先生的成就就是一個典型的例子。

當今，因傳統歷史文化的薰陶，應用了中國傳統知識，因此而成為國際級大師的人物不少。國際大師級華人建築師貝聿銘先生，所以能在世界各地留下不少傳世的建築傑構，他的成就，不僅來自現代建築理論、觀念和新技術的專業，深厚的傳統中國人文修養，也是塑造他成為世界級大師的重要原因。中國文化的修養，是令他的建築設計具獨特個性的原因。不必遍舉，我們熟悉的香港中國銀行大廈的設計，其建築設計與科技應用，固然不同凡響。但是，他的設計背後的思想理念，是來自中國竹的「節節高升」的概念。銀行大

廈主樓旁邊，再營造了一方中國式流水園林，予以襯托，環境更美，意蘊更深了。他在日本神戶附近建築的「MIHO 美秀」博物館，是他晚年傑作，舉世稱讚。博物館隱建於樹木蔚蔥的綿綿山巒中，遠望不着痕跡，與大自然融為一體。沿着蜿蜒山上通路，一直向前走，似無盡頭。忽然間，眼前一亮，出現了一道極富建築設計之美的長吊橋和隧道。再通過隧道，豁然開朗，博物館矗立在眼前。但博物館並不顯眼和突兀，整座博物館隱藏山中，與群山密林混成一體。不必描述博物館的內部設計，外部設計宛如天成，其高明，已令來訪者嘆為觀止。貝先生設計這博物館，整體理念，是來自陶淵明的《桃花源記》。

其他國際知名藝術家，如傅聰之能成為國際演奏蕭邦作品最負盛名的鋼琴演奏家，因為百年中國深重的民族災難的歷史，讓傅聰更能理解和把握蕭邦作為波蘭人，在深重的民族危機中的創作情懷。在他父親、著名翻譯家傅雷的藝術薰陶下，善於在演奏過程中，運用傳統中國書畫「留白」的藝術概念，融入他的演奏中，而產生扣人心弦的效果。其他，如擅於運用中國線條藝術，融入西方繪畫藝術中的林風眠、潘玉良、趙無極等等，無不是運用中國文化的學養，而成就了自己的，並揚名於世界。

來龍去脈──《成吉思汗原鄉紀遊：另一種文明的體驗》前言

　　遷延了近二十年，這本小著終於寫成出版。

　　這只是一本紀遊小著，非學術著作。由寫作的醞釀，以至最終的寫成，可以說是自己出版生涯重要一頁的記錄，也是個人一生傾注中國歷史文化的探索和思考的心路歷程。

　　自上世紀八十年代初，拓展中國文明史圖書的編輯出版，是我出版志業的重心所在，並樂此不疲。諸緣輻湊，時代賜予的機遇，像封了塵的中國文明史一些長卷，讓我有幸一手一手的打開，一段一段的映入眼簾，太新奇了，太神奇了，亦太迷人了。每一手、每一段的展開，都禁不住要將自己發現的驚嘆、喜悅，全心盡意的傳遞給社會大眾。晃眼間，就過了幾十年了。翻動了內蒙古高原的這一個畫卷，遊目其間，令我太陶醉了。它的展現，令我對中國歷史和中華文明有重新的認識和理解。

　　大學時代，我鍾愛上王德昭教授的課，因為他所開設的課程，總給我們開拓了歷史的視野，提高了歷史認識的眼

界。在他的「中西交通史」課程中，不但教導我們認識幾千年來的中西交通和交流史，更誘導我們從中國史去理解世界史，從世界史去理解中國史。在那個年代，這種誘導，是中國歷史認識的新視野，發聾振聵。他的「中西交通史」課程中，曾講述到歐亞間的遊牧民族的歷史。是囿於時代知識的局限，或由於自己的忽略，對他講授的這段歷史，認識不深。但他在堂上曾說過一段說話，卻深深而生動的留在我腦海中。他說，歐亞大草原，雖東西逾萬里，但歐亞之間在草原上的來往交通，遠比後人所認識的，來的早，來的頻密。因為歐亞遊牧民族，以馬匹為工具，在遼闊的大草原上移動，恍如大洋中的海浪，後浪推前浪，一波一波的，無遠弗屆。這是我對草原歷史的第一個認識。

八十年代開始，由於從事出版工作，得以跑遍了塞外江南，目睹風土，覽遊勝跡，觀賞文物。拜識歷史學者專家而外，再得親炙了一眾文物博物家、考古學家，目染耳聞，對中國歷史文明，映現了新的圖像，遂萌生了探究的念頭。在出版構思中，因新視野而有新的拓展。從「文物」或「藝術」為切入點的編輯出版角度，轉而以綜合歷史文化為切入點，策劃出版了《紫禁城宮殿》、《國寶》、《清代宮廷生活》和《千年古都西安》等畫冊，就是新認識下的成果。繼之策劃的《中國地域文化大系》，是結合文獻研究成果和考古發

現，以區域文化為基調，去建構中國文明的歷史全貌，又是另一種新認識下的嘗試。《草原文化》就是該系列的一種。我之走進內蒙古草原，因該書而起，也因遊走內蒙古的體驗，而對中國歷史文明有始料不及的新認識。

　　得益於歐亞草原地區考古的成績，世界歷史的觀念明顯有了很大的轉變。長久以來，根深蒂固的「歐洲中心史觀」與「農業文明為主導的史觀」漸被打破。到了上世紀八十年代初，「草原文明」的學術研究，漸蔚成世界歷史研究的顯學，世界史新圖像也漸之呈現。同樣，經七八十年來考古的豐碩成果，也促進了中國文明史新研究視野的萌芽。《中國地域文化大系》是在這樣的學術背景下，適逢其會，醞釀而成的。長期浸淫在因襲已久的中國文化史格局下的我們，因《草原文化》的策劃出版，置身其間，過程之新奇、新鮮，感受之深刻，反思之強烈，可想而知。在《草原文化》畫冊剛出版，就承主編之約，在香港《明報月刊》，以紀遊形式，發文連載。可惜終因工作太忙而罷，前後只刊登載了七、八篇。其後，雖屢有繼續撰寫下去的念頭，或忙於它事，或恐已是明日黃花，一擱就二十年矣。去年重遊大興安嶺和呼倫貝爾大草原，勾起舊憶，煥發了感情，又以退休之身，重新動筆，遂成此作。

　　在策劃和進行《草原文化》與《成吉思汗的崛起》（電

視片）的出版過程中，首先得到了內蒙古文化廳、內蒙古博物館、內蒙古考古所的鼎立支持合作。為做好這兩項出版，我們雙方動用了大量人力物力，全力施為。從出版經營的回報，可能不算理想。作為主要策劃者的我，不無歉意。但是，作為文化的影響，不囿於出版，包括在香港舉辦多次「騎馬民族」和「草原文明」為主題的展覽，聲聞於外的。自此內蒙古文化文物，遊走世界各大城市作展覽，揚播於世界。二十年過去了，對在內蒙古的朋友，衷心的協作，愉快的相處，結下的情誼，已軼出工作同伴所限，都是終身難忘的。事過境遷，雖然各自忙碌，少所聯繫，但在內蒙古的一眾朋友：趙芳志廳長、蘇俊處長、王大方處長、邵清隆館長、考古所劉所長、搭拉副所長、魏堅教授、傳寧先生、黃雪寅女士、滿勇先生、攝影師孔群先生、陶師傅等，以及內蒙地方上文博界朋友，在這裏衷心的說句多謝，並視之為難以忘懷的朋友。至於在香港，不管是否已離開商務印書館，他們在不同崗位參與的同事，我是感激的。尤其是張倩儀女士，她是這項目的策劃者和執行者，更要說聲多謝。

最後，小著只是一本紀遊，但曾參閱過大量中外有關著作，領益良多。書中的一些觀點和看法，相信得益於協作同行者的不少啟發，無法一一注明，謹申謝忱。

原載陳萬雄：《成吉思汗原鄉紀遊：另一種文明的體驗》，
香港：商務印書館，2017 年。

附：《成吉思汗原鄉紀遊：
另一種文明的體驗》序言

魏堅

　　陳萬雄先生是我的摯友，也可以說是內蒙古文博界的摯友。我們相識於二十多年前對「草原文化」的推廣，並因此而結下了深厚的友誼。

　　記得是 1994 年的 5 月初，那時我在內蒙古文物考古研究所任副所長，正在主持南流黃河西岸鄂爾多斯寨子塔遺址的發掘。當時所裏兩位年輕的業務骨幹參加了在鄭州西山國家文物局的「田野考古領隊培訓班」的田野培訓和考核，為了他們能夠順利過關，我決定去鄭州西山一探究竟。那日下午，為了節省時間，我從遺址東側的懸崖邊下到高差約九十米的黃河岸邊，跨過「七零一黃河戰備大橋」，搭上唯一的一趟長途班車趕回了呼和浩特，湊巧的是正好趕上當晚內蒙古文化廳為香港商務印書館陳萬雄總編輯舉行的歡送晚宴，此乃與陳萬雄先生酒桌初識。第二天，我搭航班飛鄭州，沒有想到陳萬雄先生就和我鄰坐。有了前一晚喝酒的鋪墊，飛

機上自然交談甚歡，藉此我也了解了他對編寫「草原文化」專題圖錄的主要構想和基本思路，此乃與陳萬雄先生飛機深聊，並從此開啟了二十幾年學術、文化的深入探究和友情的不斷昇華。

萬雄先生行思敏捷，精力充沛，且性格豪爽，為人篤誠，言談交往之中，常能感受到他的熱情和大度。雖然他的粵式普通話講得並不標準，常常會在講話時把「我們這些做編輯的」說成是「我們這些做騙子的」，引起哄堂大笑，但是他極具感染力的為人之道，卻使我們這些北方漢子個個對其折服，並願意與他合作共事。九十年代中期，他正積極籌劃，為著名考古學家蘇秉琦先生整理出版《中國文明起源新探》，同時在認真領會蘇先生「考古學文化區系類型」學說的基礎上，準備編撰一套圖錄，他稱之為「中國地域文化大系」，即是利用考古學的資料，將全國的考古發現與研究成果，以若干冊圖文並茂的大型圖錄完整呈現出來。這樣一個浩大的文化工程，恐怕除了萬雄先生的膽魄和氣度，無人敢於承擔起來。當時的「草原文化」和「東北文化」就在首刊發行之列。於是就有了萬雄先生在這本書中提到的「成吉思汗原鄉」的考察。那時，我們一輛麵包車，一行八人：香港商務印書館的陳萬雄先生、張倩儀小姐、李家駒和溫銳光先生；內蒙古方面有文物處蘇俊處長，考古所的我和博物館傅

寧先生、陶平順師傅，西迄陰山腳下、黃河兩岸的巴彥淖爾和鄂爾多斯，東至大興安嶺西麓的呼倫貝爾和赤峰紅山，在呼和浩特東郊探訪過舊石器時代的大窯南山，在錫林郭勒草原拜謁了草原都城元上都……，晝夜兼程，跋山涉水的勞頓和歡聲笑語，溫故知新的喜悅充斥了整個行程 —— 那是一次東西五千里，上下八千年的歷史文化巡禮！而勤奮、細心的萬雄先生記下了考察中的所有這一切。現在奉獻給大家的，就是他作為一個文化工作者，以赤子之心，「一生傾注中國歷史文化的探索和思考的心路歷程」。

誠如萬雄先生書中所言，中國古代北方少數民族長期活動的地區主要在蒙古高原的大漠南北。這個地區疆土遼闊，東起大興安嶺，西接阿爾泰山，北界西伯利亞，南逾陰山，大體上包括清朝初年以來所稱的內、外蒙古。遼遠廣袤的內蒙古自治區，就地處蒙古高原南緣的漠南之地，東西橫跨東北、華北、西北三大自然地理單元，大部分疆域處在北緯四十一度線以北，由東向西，燕山連綿，陰山橫亙，中國歷代長城也基本分佈在這條山系南北。特殊的地理環境，多變的氣候條件，形成了形態各異的自然經濟類型，也造就了源遠流長，色彩紛呈的燦爛古代民族文化。

北方草原的古代文明，從其發端便是以農業與牧業、狩獵與畜牧多種經濟形態相互交錯的形式，在這一區域孕育和

發展。舊石器時代「大窰人」石器撞擊的火花，與「北京人」燃起的火焰同樣耀眼。地處西拉木倫河兩岸的原始村落，同一曲黃河的新石器時代文化，並稱為內蒙古的「兩河流域」文明，其在中華文明起源的「滿天星斗」中，應是最耀眼的星座之一。夏商之際，隨着北方地區氣候的乾燥和變冷，畜牧業便也悄然興起，伴隨着遊牧民族登上歷史舞台，北方草原的青銅文明也翩然而至。周、秦、西漢以降，東胡、匈奴、鮮卑、烏桓、突厥、契丹、党項、女真、蒙古、滿族等北方各少數民族，如浪潮般一次次地興起，他們離開興安嶺，跨過草原、大漠，在與中原王朝的長期較量中，不斷充實和壯大自己，一旦時機成熟，便越過陰山，入主中原，建立王朝。

中華民族就是在周邊民族不斷地融入中逐步形成，特別是在北方民族強勢融入，並不斷注入新鮮血液中不斷更新和壯大。北緯四十一度線造成了農牧差異，也造成了征戰和融合，而這種征戰和融合恰恰是中華民族不斷創造新歷史的原動力。

中國歷史的朝代序列在魏晉南北朝之後，常常以「唐宋元明清」一以貫之，這應當說是一種不完整的表述。北宋時北方有遼、西夏並存，「澶淵之盟」後的百年和平，造就了北方經濟和社會的高度發展，以至於俄語至今仍以「契丹」

稱呼中國；南宋時北方仍有金、西夏並立，偏居東北一隅的海陵王甚至把都城遷到了北京，就此開創了北京建都的歷史。但在以中原為中心的觀念支配下，史家居然沒有給遼、金、西夏修史，即便是後來補修的《遼史》和《金史》，也是十分簡陋，錯謬百出。今天看來，北宋的二百八十萬和南宋的二百萬平方公里土地當然不能代表當時的中國，但卻依然有人對南宋的滅亡和元朝的統一發出「崖山之後無中國」的哀歎，站在歷史發展的長河上看，這實在是狹隘的歷史觀和民族觀。即便是享國二百七十六年的大明王朝，在永樂北征後不久，就在比漢長城更偏南的區域修建了「萬里長城」，將北元—蒙古部落阻隔在了長城以北，實際上開啟了中國歷史上又一個南北朝時代。因此，我們沒有權利不去正視和思考這一歷史的真實。否則，我們就將永遠無法去認識歷史上一個完整意義上的中國。

草原民族在大漠苦寒的環境下，長期過着騎馬射獵，逐水草而居的生活，養成了胸襟開闊和堅韌不拔的性格，他們在融入中華文明之時，便為中華文化帶來了蓬勃向上，生機盎然的新鮮血液和發展動力。同時，草原民族金戈鐵馬、氣吞萬里的豪邁氣概，也打通了歐亞大陸上的壁壘，猶如一座橋樑，使中西文化得以交流。與此同時，草原文明也在這種交流中發展繁榮，其獨樹一幟的文明成果，又被其他民族吸

收借鑒，使草原文明成為全人類共同的財富。

　　1996 年初，為了配合《中國地域文化大系》之《草原文化》和《東北文化》在香港出版的宣傳推廣，我和蘇俊先生，以及遼寧文博界的徐炳琨和孫守道兩位先生，受陳萬雄先生之邀，赴香港參加了一次精心準備的學術推廣活動。那次活動除了學術講座外，有和媒體的懇談見面會，有香港電台關於「草原絲綢之路」的錄音訪問，有報社記者對考古生活的單獨採訪，有晚餐的美酒，也有下午在咖啡館的「快樂時光」。記得在一次學術講座中，我以「中國的史前史應當重新架構——以興隆窪、紅山文化系列為例」為題做了發言。這個議題引起了前來參加講座的饒宗頤先生和香港學術界的熱烈反響，饒先生隨後做了長篇的講話，認為以往對信史的認識只可以到中原的商周和北方的東胡，而考古的發現完全可以重建中國的史前史。會後的餐會中，饒先生熱情地邀我「到香港來教書」，雖因種種原因此事未有結果，但饒先生對歷史文化的重視和對晚輩的提攜可見一斑。應當說，萬雄先生策劃的這次活動完全超出了預期的設想，香港媒體的大量報道，包括「美國之音」的相關播出，都充分說明了這一點。

　　萬雄先生生在南國，讀書做事也在南國，卻因探尋中華文明的多個源頭，來到了北方，投身於草原，完成了對「另

一種文明的體驗」。幾年的奔波與不斷地思考，用他自己的話說，「令我對中國歷史和中華文明有重新的認識和理解」。這裏折射出的是他對中華文明多元一體格局形成的深刻認識和對草原文化的執著熱愛。轉眼二十多年過去了，當這位精力過人，工作起來不知疲倦的文化學者在「重遊大興安嶺和呼倫貝爾大草原，勾起舊憶，煥發了感情，又以退休之身，重新動筆」之時，這部凝聚着大半生感情與思考，飽含着諸多好友囑託的「舊賬」，終於要面世了！這或許是對歷史的思考，或許就是對過往歲月的回憶，我相信，每一個經歷過的人都會從中找到自己想要的東西。

　　老友所囑，匆匆寫就。是為序。

2017 年 2 月 8 日新春於呼和浩特

（魏堅教授是國務院學位委員會考古學科評議組成員，中國人民大學歷史學院考古文博系主任、教授、博士生導師、中國人民大學北方民族考古研究所所長）

原載陳萬雄：《成吉思汗原鄉紀遊：另一種文明的體驗》，
香港：商務印書館，2017 年。

馳騁於中國文明的時空
——關於《中國地域文化大系》的編輯構想

一、多年的願望

用豐富的圖像，精美的印製，新穎的角度去重構中國歷史和文明史，是我們二十年來一直努力不懈的出版願望。願望的出現，無可否認或多或少是我們在七八十年代之交，來自歐美和日本出版的影響。看着他們出版的印製色彩繽紛、內容推陳出新有關歷史文明的圖冊，愛不釋手的同時，也激勵我們要比肩世界的出版，啟發我們要為中國歷史文化開拓新的出版路向和模式。

我們很幸運，客觀環境的配合，讓我們能不斷開拓不同類型有關中國文化藝術圖錄的出版，且相當的成功。

以香港啟其端的華人經濟的起飛，帶來生活的改善；教育日益普及和提高，誘發對文化和藝術的追求；甚至乎中國的開放，外國人要張眼看中國等等，無一不是有利我們開拓

各類型文化藝術圖錄出版的客觀因素。在這十多年間，我們編輯出版過不少很有代表性且營銷成功的各類圖冊；我們亦出版過如《千年古都西安》的斷代歷史圖錄，但多年縈繞於心，無時不以之為最大的出版願望的，是編輯出版一套多卷本圖文並茂的「中國歷史圖錄大系」或「圖錄中國文明史大系」。這是中文出版界長久以來的一個空白。以一個擁有五千年歷史而驕傲的我們，竟然到了八十年代，外國出版圖錄本國文明史和世界文明史不知凡幾的強烈比對下，作為一個中國出版人，愧疚之餘，內心不能不燃燒起一種強烈的願望。

二、在挫折中形成的構想

編輯出版一套完整的圖錄中國文化大系，遠比我們想像的要困難。多年來我們多種構想和合作方案，都未能成功。失望是有的，但我們依然保持願望，繼續探索可行的方案。在十多年的出版策劃中，未有像圖錄中國文化大系如此艱巨的，這不知算不算也是一種「多難興邦」。

中國歷史源遠流長，幅員廣袤，要編得系統完整，必然卷帙浩繁，非集合一班學者專家之力不為功。何況要統合眾多專家學者，使達至共識，確立學術方向，以一家出版社的

力量，本就困難。更困難的是圖片。因為是圖錄性質，需要有大量的歷史文物藝術圖片，需要遍佈中國大地的歷史遺蹟的圖片，需要搜羅能反映中國各地風土地貌的圖片，這牽涉到的人力物力以至調度能量之大，可以意想。所收集的圖片，要既全面又典型能反映全地域全過程的中國文明史發展史，單靠一二家博物館的藏品，實難畢其功。要調動全國各省市的博物館，傾其所藏，以襄盛舉，其不切實際，不說自明。何況，最新的歷史文物，往往在各地的考古單位，尚在研究階段，其他人無從知曉，這又是困難所在。編輯出版圖文並茂的中國文明大系，圖片是我們進行這項文化工程的第一道難關。

不用諱言，這幾十年的不重視文化史和文明史研究的結果，中國文化文明史的基礎研究和著作是異常薄弱的。即使解放前多種雖名為文化史的著作，嚴格地說，其實是中國哲學思想史，並非是真正意義的以物質文明為基礎，立體地綜合歷史的各個方面交織熔鑄而成的文化史。這樣憑藉既少，甚至可以說在許多方面要做鑿空的工作。不編輯出版文化或文明史，而編輯出版一套中國歷史圖錄，固未嘗不可。這種方法跳不出傳統歷史通史的囹圄，創新意義較少。相對而言，文化史圖錄比之歷史圖錄，更豐富多彩，更能發揮圖像閱讀的優勢，更能補救長期以來文化史近乎空白的缺陷。

　　編輯文化和文明史，牽涉到要組合歷史學和考古學。中國當前學術界的一個突出的現象，雖然研究對象相同，考古學界與史學界，長期相互間少所聞問，甚至兩門學問打成兩橛。雖不敢説所有的中國學者皆如此，最少筆者能舉出的如內地的李學勤先生，香港學者饒宗頤先生，海外和台灣學者許倬雲等先生，皆擅於利用不斷出現的考古新發現及其研究成果，無間地結合文獻作研究。但不能否認，這種匯通性的學風到底不普遍。文化文明史的編寫，欲要匯通史學和考古二門學問，要組合具兩方面學科的寫作班底，也絕非易事。這是文化史大系出版工程的第二道難關所在。

三、建構中國文化的新圖像

　　習語説「教學相長」，其實編輯出版亦會「編學相長」。隨着編輯出版不斷開展，我們對近幾十年考古和研究成果有了進一步的接觸和認識，領悟到中國歷史無論中國文明的起源以至各朝代的物質文化的研究，因之而取得重大的突破。積蓄既厚，中國歷史的研究和知識正面臨重大的變革。

　　因工作的關係，東南西北的跑，履足其地，耳聞目睹，遼闊的中國大地，地貌多變的山川形勢，南船北馬各方風物，展現的是一本碩大無比的中國歷史著作，在閱讀這本碩

大的歷史著作的時候，無不時刻牽動了對原有中國歷史知識的衝擊，對習以為常甚至奉以為金科玉律的歷史思考模式的不斷受衝擊。再加上有機會接觸到各種文物，實物和圖像使我們有更貼近歷史的感覺，這種貼近歷史的感覺，提供了我們文字記錄以外的另一種新角度對歷史的理解，時有耳目一新的發現。以上的種種新的認識，促使我們改變原先全由時序去策劃出版圖錄中國歷史文明的構想，轉而代之以區域結合時序的新編輯構想。

　　這樣我們大約在 1990 年開始起動，進行《中國地域文化大系》的編輯出版工作。

四、時空交錯多元組合的立體文化史的新構想

　　以前史地不分，或者極其重視歷史地理的研究，是相當有道理的。歷史的基本結構原是時空的組合。另外，人是歷史文化創造的主體，而文化是政治、經濟、軍事、藝術、生活以至風土等多元元素鑄造而成的。如何通過時空和多元的立體組合，顯示中國文化發展的過程及其特徵，就是新文化大系的基本思路。

　　首先我定下了以地域為主導的文化史編寫方向。「一體多元」是中國文化幾千年發展的最大特徵，近年已漸成學術

界的共識。在中國文化的起源來說，經幾十年的考古發現和研究，黃河是中國文明的唯一起源的一元論已被打破。正如考古學大師蘇秉琦先生所說，中國初期文明的起源原是「滿天星斗」。黃河流域之外，長江流域、遼河流域等倒是早期中國文明的源頭。即在往後的中國文化歷史發展中，不同地域在不同時期，在中國文化大流的形成和發展上，曾分別作過主導，或者在某方面起過重要的作用。這是中國文化不斷擴展，不斷融合更新的最大特徵和生命力所在。即使當代的中國的發展，亦不離這種發展規則，二十世紀初的上海，二十世紀末的東南沿海地區皆是明證。在民族上，費孝通先生曾指出，中華民族是由長期的自在而終到近代的自覺。中國是多民族國家，而民族持續地不斷融合也是歷史上明顯的特徵。不同歷史時期不同民族與主體漢族的交融，通常也在某些地域進行的。由地域的分卷組合中國文化大系，似最能顯示以上所說長期較忽略的中國文化發展特徵。事實上在現階段，考古和史學界在地域的資料整理和研究成果方面較為堅實。只有將這些成果先作綜合普及，即使日後要重構以時序為主導的中國文化史才有基礎，才有可能。這與歐美近年重視打破現今國界和民族限制的地域史研究，目的為重構新世界史作先導，以克服長期以來以西歐為中心、以農業文明為軸心的世界文明史的學術走向竟不約而同。

以地域作分卷編寫，另有兩點我們會很注意的。每卷都屬文化史性質，要熔鑄多元材料，內容繁複，此其一。每卷雖然分地域編寫，我們目的不在編一純然的地域史，有如以往的方志或地方風物志，我們編寫的是要能顯示中國整體文化的發展脈絡，此其二。要解決以上兩個問題，如何馭繁為簡？如何縮龍成寸？是很可考究的。關鍵是我們必須將一地域發展的全過程放在整個中國歷史文化的發展中去審視。一是要審視某區域某時段某方面文化在全中國文化發展中起過主導或者起過重要作用者。二是要審視某地域在整體中國文化史所顯現獨特的文化風采者。如同以「白山黑水農牧結合」為特徵的東北地區，作為「遊牧民族舞台」的蒙古草原地區，作為「思想搖籃」的山東齊魯地區，以「江南山水的靈秀」為特徵的江浙吳越地區，以「奇譎浪漫」見稱的兩湖荊楚地區，作為「中國與世界走廊」的甘隴地區等等。這樣時空的立體交錯的編寫結構，就會局部中見整體，在整體透視局部，這才能達至編寫中國文化大系的目的。

五、讓歷史知識更動人

作為一個出版工作者，能率先而及時將最新研究成果編輯出版以推動學術研究，是一項責任，也是一種無比歡愉的

事。但是，將學術研究成果，化成教育和社會普及知識，亦是責無旁貸的事。歷史圖冊的出版境界，在於創新和普及的有機結合。創新才能提高，以推動學科學術的發展，才具學術的價值；普及在於開拓，以推動新知識的教育化和社會化。盡快將最新而可靠的學術成果，作為提高社會文化素質的知識，是社會不斷進步的關鍵因素。一門學科和知識能否對社會產生積極的影響，只有能盡快將最新而準確的新知識帶進社會，成為普及的知識。這樣這門學術和知識才會顯示它的生命力，顯示提升社會文化素養的功能。一門學科抱殘守缺，千篇一律，則無生命力和文化功能可言。歷史學科對新知識的渴求的程度，與數理化工等學科知識並無二致。亦只有保持知識的常新，這門知識才使人有進步的感覺，亦只有不斷更新，不斷有新的視野，這門學科知識才能引人入勝。出版人是知識的傳遞者，我們不會忘記我們的應有責任。

六、十年磨半刃劍

所謂十年磨一劍，以示得來不易。慚愧的是我們只完成原計劃十二卷的《中國地域文化大系》的一半六卷而已，所以劍只磨了半刃。

　　即使這六卷，也有不少不完美不完整的地方。各卷定名的不規範，各卷各章中的學術水平的不平衡，文物圖片覆蓋的輕重不一，個別出現的錯誤等等，都不是令人滿意的。但說實在，如果沒有各合作單位、學者和攝影師的衷心的配合，不能至此成果。對大多參與者來說，付出心力，排除各種困難，盡可能做到最好，是出於一份對這套文化大系編輯出版意義的認同，是對中國歷史文化的責任感，這是我們在編輯出版過程中最受鼓舞和激勵的，對此謹向諸位參與者致以深深的敬意。

原載上海《文滙讀書周報》，1999 年 3 月 6 日。

《看見中國：文物裏上下五千年》序

　　隨着新中國幾十年來大量考古的發現與考古研究的深入，已歷百年的「現代考古學」，經過幾代考古學者和專家的努力，在上世紀八十年代，終於破繭而出，帶動對中華文明史的研究和闡釋，起了革命性的變化。我很幸運，正趕上這個時候從事編輯出版的工作。出於編輯出版者對學術研究與文化趨勢的敏感，再基於以轉化最新的科研成果，使之成為社會大眾的新知識的天職，自八十年代下來的三十年，我一直躑躅於對中國歷史文化的重新認識和探索，並將認識和探索所得，策劃成選題出版，以弘揚於社會大眾。二十一世紀初啟，即推動了這套以物質文明，以考古文物為主體，圖文並茂的《中華文明傳真》圖錄（10 卷本）的策劃和出版。這套書的出版，標誌我自八十年代起，對中國歷史文化的探索從文獻到文物，從地上到地下，從專題到完整五千年中國文明史的探索過程中的成果。

　　這項出版計劃的提出，立刻得到當時國家文物局副局

長、中國文物學會副會長彭卿雲先生的支持，並責成《文物報》主編劉煒女士擔任主編；香港商務印書館則由編輯主任張倩儀小姐為叢書責任編輯並主持出版。這套叢書組織了一批新銳的學者撰稿，動員全國各地博物館和文物考古所以至文物攝影師，幾經艱難而成書出版的。關於中國歷史文化，這樣的選題構想、出版形式、出版規模，在當時是破天荒的。出版後尤其在香港和海外，大為轟動。這樣一套多卷本屬貴價的圖書，出人意外的，銷量竟超越當時的流行暢銷書。當時香港大學地理系薛鳳旋教授，稱這是一套面目一新的中國歷史的「國民讀本」，以喻其普及和受歡迎的程度。一次我在香港某大學演講中華文明史，會後一位歷史系教授向我半開玩笑地說，你們出版了這套中華文明史，顛覆了我們以往中國歷史教與學的學習傳統。在上海一次討論會上，時任上海社會科學院歷史所的唐振常所長甚至說，這套圖錄叢書，在他看來，恐怕早出了二十年，因為他以當時的大眾讀者對如此內容和闡釋的中國歷史文化是陌生的，會不太明瞭。他甚至說對文獻史學界亦會不完全認識。這時的出版，有些前衛了。一次在美國考察業務，一位在香港生長、中學後移居美國，時任美國一大學某學院的院長，託熟人表示無論如何，希望我騰出時間，跟他見上一面。見面後，他主要說上個暑假回到香港，購買了這套圖書。他自己不僅通讀

了，甚至費勁地一章一節的介紹給他不大懂中文的子女聽。所以要見面的原因，是希望我們能翻譯成英文出版，以裨益於海外讀者。諸如此類的各方面的反應，給我們無以言喻的安慰和滿足。

唐教授說恐怕早出了二十年的話，不是沒來由的。當是時，不要說是社會大眾，甚至學術界也尚未完全認識到考古的大量發現和研究的成果，厚積薄發，正在改變對中國歷史文化的既成的認知。除少數學者外，考古學界與文獻史學家甚至在中國歷史文化的研究上，仍處於「各自為政」，打成兩橛的狀況。相比之下，在八十年代起，日本的中國學研究已起了變化，逐漸重視中國考古的發現並吸收其研究成果，融入他們的中國歷史研究和著述中。舉一個例子，就可以見到日本學界對中國歷史研究之丕變。日本歷史悠久、享譽甚隆的岩波出版社，每三幾年就會新編出版一套中國歷史大系。八十年中新出版的一套中國歷史大系，內容的偏重與對中國歷史的詮釋，比之以往的幾套的出版，明顯起了變化。主要是吸納了中國考古的大量素材和研究成果，並從日本學者的角度，對中國歷史文化作了新的闡釋。

我是一個受傳統文獻訓練的史學研究者。自上世紀八十年代起，開始了用腳（闖蕩中國大地）、用眼（實地考察和觀賞文物）、用口（請益考古博物界）、用心（結合文獻所

學去思考），去重新探索中國的歷史文化。這樣的體驗，讓我對中國文明史有了重新的認識與理解。因而，也逐步開拓了我對中國歷史文化出版的思路。

人們容易誤會「歷史」是過去的舊事物。其實，歷史文化與所有學科的學問知識一樣，不斷會有新的發現，新的研究成果，因而形成了新的學問和知識。也只有這樣，一門學問和知識，才會讓人產生無窮的探究和學習的興趣。這樣的學科，才具有生命力。所以歷史文化的出版，有如所有科學知識一樣，要不斷推陳出新，要不時將新發現、新觀念，以新的形式傳播於社會。百年的現代考古學，帶動了中國歷史文化的研究而產生了革命性的變化，煥然一新。歷史文化，是過去了所發生的歷史事實，本身不會改變。變的只是後人對發生的歷史事實有了新的發現，新的認識，新的理解，並以新的形式傳播於大眾社會。「新」是歷史文化出版的一個重要的追求。新的意思是發現過去不知道的新材料，通過新材料產生了新知識，形成出新認識。陳舊和翻炒，是歷史文化類圖書最容易出現的現象，也是令讀者日漸疏離歷史文化讀物的罪魁禍首。推陳出新，是讓歷史文化圖書成為社會喜愛的圖書種類的不二法門。

這次廣東教育出版社將二十年前出版的《中華文明傳真》，增補了不少新出土的文物，吸納了近二十年的歷史和

考古的最新研究成果，重組結構，內容更簡明，文字更淺顯，全新的版式設計，以《看見中國：文物裏的上下五千年》為題，以新的面貌出版面世。本人作為這套叢書原版的策劃人和出版人，並作為新版的出版顧問，對新版的出版無疑是很興奮的。可以肯定，這新版的《看見中國》，直到今日，仍然是第一套結合了文獻和文物，融合了歷史學和考古學，深入淺出，圖文並茂，最具規模，全新而完整地演繹中國五千年文明史的歷史文化讀物。

原載劉煒主編：《看見中國：文物裏上下五千年》，
廣州：廣東教育出版社，2022 年。

出版的啟蒙導師
——陳原老

陳原老（1918－2004）終棄世了。陳原老自中風後，初期，每次上京探望，都滿懷了希望，期望着有強烈生命力的他的康復；後期，每回探病後心情愈是沉重，看着一個願思考善思想的智者，無法再用筆、用口去表達自己，成了仍會思想的植物人，實在難過。他的逝世，算是一種解脫。對他的逝世，難過之外，圍繞他的方方面面，讓我想得很多很多，要寫想寫的東西也很多很多，下面只是一個片斷。

1980 年初我剛進入出版界，就認識了陳原老。自此，承蒙他的不棄，一直來往甚密，也可以說是我最親近的出版界前輩和文化界長者，是終身不渝的忘年交。逾二十年的交往，已到了無所不談的地步。就編輯出版而言，我一直視陳原老是啟蒙導師。

1980 年夏，陳原老作為團長率領中國出版代表團訪港，這是「文化大革命」後第一個中國出版代表團到港考察訪問。這次的訪問團到港，新聞界和文化學術界相當哄動。

作為團長，會見香港文化學術界和新聞界，他作了一場演講。對於這場演講，相信當時在場者都會印象深刻，也是我個人體驗過少見的一場精彩演講。他演講的具體題目，已不省記，內容主要介紹「文化大革命」後內地的出版狀況與發展。演講充實的內容，豐富的學識，懇切摯誠而不亢不卑的態度，幽默動容的講演才能，不僅令招待會很成功，甚至可以說，這是中國內地與本港一次文化交流的「破冰之旅」，也是其後陳原老與香港文化學術界長期惺惺相識的開始。至於我個人，作為出版界的新丁，這回演講，開闊了我對出版的認識，堅定了我從事出版的志望。

訪港行程完成，陳原老留港探親，還多逗留了一些日子後，公司安排由我負責陪同他回京。這也是我頭一次上京。日後，每說起這段往事，我總說笑是「護駕回京」。那時包括多年後，我們出差國內，可不像現在的方便。先要坐火車到廣州，再從廣州坐三日二夜的火車才能到達北京，還沒有乘飛機這回事。幾日夜的旅程的日夕相處，與陳原老由陌生而熟悉，由拘緊而自然，由找話題而隨意交談，無所拘束。當然談得最多的，仍是編輯出版的事。這段旅程，不啻是我在編輯出版和中國出版業事情的一次啟蒙性的特訓，是對出版有較全面、真切認識的開始。

自此而後的二十多年，不管在北京他的寓所，或與他到

各地考察、訪問和共遊，出版文化成了我們談不盡、說不完的話題，也是我對出版與出版管理加深認識的來源。

　　逝者已矣，陳原老對我在出版方方面面的教導和啟迪，永誌難忘。痛悼之外，無法驅除「斯人已騎黃鶴去」的寂寞心緒。多年前，在一篇追憶另一位文化長者的文章中，我曾說過，每次再到北京、上海，愈來愈感覺寂寞。一個個認識而相交甚深、足令人景仰的文化界長者的逝去，掀動的豈只是人生生死的慨嘆，更多的是文化上的「人面桃花」。

原載聯合出版集團員工刊物《傳真》，第 164 期，2004 年 11 月。

出版人的使命：我讀陳原

　　我是 1980 年認識陳原老的，一直到他去世。可以説，二十年多間，在一輩交誼多的長者中，與陳原老的往來，應算最多、最持續和最頻密的。在出版理念和編輯管理上，他是讓我受教育最多的一個人。他老人家去世以後，我一直想寫文章紀念他，但直到今天也沒有寫過一篇紀念文章。忙是一個原因，主要是我覺得二十多年的交誼，可談可記的事情太多，我一直希望能寫出一篇對他有一整體認識的紀念文章，這樣才對得起他生前對我的關愛。

一、百科全書式的知識份子

　　陳原老的博學和多才多藝，認識他的人，讀過他的書的人，普遍都有這個印象，也覺得不可思議。長期擔任過陳原老助手的柳鳳運大姐説，陳原做學問如同走進一間碩大無比的大屋，興趣盎然，一間房一間房走進去又走出來。原三聯

書店總經理兼總編輯、與陳原交往甚深的董秀玉，讚嘆陳原的博學說：「我覺得他像一本百科全書。」中華全國世界語協會會長譚秀珠說，「他也是一座知識寶庫」，「三十年代的陳原給我的印象是什麼都懂」。真的，陳原老知識學問、著述和工作，涉及眾多方面。他從事過翻譯工作、出版工作、新聞工作、學術工作、革命工作、寫作工作；學問涉獵和著述遍及語言、地理、音樂、國際形勢、辭書、科學等，不一而足。

我覺得他的博學與多才多藝，來自他本人的天分和勤奮，這是無可置疑的。我這一生見過幾個勤奮之極的學者，陳原老是其中之一。他沒有週末、沒有節假日，每逢春節，他都要完成一篇文章。陳原老極其勤奮，孜孜不倦。我以為，陳原老的博學與著述的多面手，是近代啟蒙者的文化性格。下面列出陳原老他自己對從事過的一些研究和著述的動機的一些說法，自容易明白。

二、他的一生都是為了理想

作為一個研究近代史的人，我覺得陳原老是中國近代作為一個啟蒙者的知識份子的典型代表，是十九、二十世紀之間出現的近代啟蒙知識份子的胤子。我認為，凡是擔負啟蒙

使命的知識份子，最大的特徵，真的不是為了學問而學問，不是為了研究而研究，他所有的研究，所有的寫作，完全是根據當時中國的實際需要去研究去寫作的。陳原老從二十一歲到三十歲曾研究地理學，短短的十年間，他編寫和翻譯了很多有關中國和世界的地理教材，意圖傳給讀者的是愛國、愛人民、反對侵略、反對投降的概念。作為一個年輕的愛國者，他的地理研究和著述，對什麼分科、什麼教案都不顧，只有一個目標，就是要喚醒讀者的民族魂。他翻譯過幾個大音樂家的傳記，也編寫過各種不同的民歌。他為什麼做這個事情？他也說了，他說這是希望之歌聲，是指引人心走向光明、走向理想、走向明天的歌聲。他時時想着要把偉大的人格、高尚的靈魂、不屈的奮鬥精神，以及這些精神的化身——他們的音樂創作，傳送給讀者。他研究語言學、世界語、拉丁語，甚至「文化大革命」以後，他被打倒以後，到了晚年，他一直研究社會語言學。他說中國近代歷次的語文運動，從五四時代注音符號運動、大眾語言論爭，一直到拉丁化新文字運動，無不帶有尋求民族解放道路的色彩。他所有的這些做法都是跟整個中國的命運聯繫在一起的。

陳原老為什麼研究這麼多問題，他為什麼做這麼多方面的工作，甚至為什麼在出版方面他做這麼多事情，我認為他只要覺得這種學問、這種知識對中國現代化有用，只要這種

知識和學問能解救中國、能發展中國，他就去幹。反正即使大家還沒看到這事情的重要，他會先幹，他不在乎著述能否成為名著。所以我們很容易想到陳原老一生志業在於「啟蒙」和「救亡」。

對於陳原老，如果我們從這個角度去理解他，就會明白他為什麼具備這麼多方面的知識，為什麼要幹不同的文化知識工作，而且都全力以赴。不管他作為一個知識份子、作為一個文化人、作為一個學者、作為一個散文家，他的作品跟時代的發展和需要有切實聯繫。

值得注意的一點是，陳原老所理解文化思想的啟蒙，是多元的，尤其重視全民族文化素養的提高，以及整個社會的文明化。這樣的文章寫得也最多。在聊天中，他很着意一些有關文明的事事物物：常比對外國社會，如果他覺得中國社會上，沒有這種文明，或者我們的文明程度不足夠，他就會很氣憤。他曾經有一篇文章就寫到，蘇聯雖然解體了，卻留下了鮮花。他說俄羅斯人雖然很窮，生活很艱苦，人還是很喜歡買花的，排隊去買花，而且買什麼東西都會排隊的，對這種社會文明的程度，他非常欣賞。這說明他關注中國的啟蒙，不僅僅在文化思想，連這種具體文化生活價值都很關注。陳原老日常生活很儉樸，很簡單，卻很整齊、整潔，注重生活品味。我覺得他身體力行，體現現代生活上的文明。

換句話說，他追求國家民族的現代化思想中，同時重視國民
和人文修養與社會文明的提升。

　　陳原老雖然年屆八十歲，一生風風雨雨，飽經憂患。看
他的書，不管早年的還是晚年寫成的，跟他聊天，他所用的
語言，還像一個十幾歲的文藝青年。一大堆的理想、樂觀、
人道、陽光、勤奮、青春氣息、希望、友愛、美好、激情、
優雅、人生、奉獻、生活等等全都是積極向上、歌頌美好的
用語。就是到了八十歲，躺進醫院以前他還在寫作，訴說
「夢」、「哲人的夢」、「語言夢」、「新年夢」。他晚年帶有回
憶錄性質的著作，書名則取名為《我的小屋，我的夢》。書
中他說：「回味往事，寫不出燦爛的星光，只能告訴我的親
人，我在那一間又一間的小屋裏，度過了美好的一生──充
滿苦惱和希望、激情和友愛的幾十年。」這裏一再訴說的
夢，就是他追求理想的一生的代名詞。他的一生是徹頭徹尾
的理想主義者。理想主義也是近代中國啟蒙知識份子一種
共性。

三、救亡與啟蒙：革命知識份子的典型

　　陳原老固然是中國近代啟蒙知識份子的一個典型，同時
也是近代革命知識份子最後的殿軍。他屬革命知識份子，大

家很容易明白。陳原老一生從事革命。我個人研究所得，認為從 1900 年左右，中國開始出現現代形態的革命知識份子，他們是其後二十年中國歷史發展的主導和主體力量，他們身兼救亡和啟蒙雙重歷史使命。作為革命知識份子，陳原就是這樣的人。

在中國近代史的研究中，常常有人將革命者跟啟蒙者對立起來，搞啟蒙的人不革命，搞革命的人不啟蒙。我個人的看法，大部分的近代革命知識份子，他從事革命，從事政治；但是另一方面，他們從來沒有放棄作為一個啟蒙者的角色。甚至，一些自始似與革命與政治疏離的學者、文學家和文化人，其實也無時無刻關心、關注現實的中國命運。在啟蒙和救亡雙重使命中，只是不同的人，不同時期的偏重的問題；對救亡與啟蒙，或先或後，或顯或隱，並不完全對立。

這樣的例子很多。陳獨秀被認為是政治的一生，革命的一生。但自十六歲，他即寫成《揚子江形勢圖》一書，這不純粹是一種學術研究，是基於痛感列強入侵長江而撰寫的。日後陳氏的西方文化的研究，學習多種外語，無不在於啟蒙的目標。陳獨秀晚年離開實際政治，他寫了一本書《小學識字課本》。陳氏對中國古語言文字學有相當造詣。他寫這本書，絕不是純粹的文字研究。其撰寫的目的，要為中國文字結構理出規律，裨益於普及教育，要為中國語文學習，找到

一種簡易的方法。語文大家的葉聖陶等，也是這一類的學術研究的性格。一般看來，陳寅恪是一個純粹的學者，以為陳寅恪是一生從來不過問現實政治的。其實他非常關心現實政治和社會，陳寅恪的學術研究雖然重視民族和民族文化，但陳寅恪不會否定救亡，更不會否定引進西方事物的重要。作為當代一個出色的學者，他深刻認識到，保存民族和民族文化對國家的終極意義。陳寅恪眼光看得很遠很遠、很深很深，但是他也從來沒有否定現實救亡的重要性。

四、今天的出版界，重讀陳原很有必要

今天是在非常匆忙的準備中，簡單地評說陳原老的文化性格，視他是中國近代一百年來，受到西方新教育、新思想洗禮，形成的幾代知識份子的文化性格的其中一個代表。陳原老作為出版人，他長期在三聯書店系統工作，抗戰時在廣西、香港、上海的生活書店及後來的三聯書店工作過，1949年任北京三聯的編輯室主任。「文化大革命」後他還主持著名的《讀書》。他對三聯出版精神的主調在救亡，是深有理解的。「文化大革命」剛結束後，他主持過商務印書館的工作，時間雖不長，但是他晚年對商務印書館卻做了非常全面而深刻的研究。陳原老研究商務，不全在於他對商務工作的

懷念，他是通過研讀，重新理解商務的出版文化和精神，進而重新理解近代中國出版的發展和出版的文化。在〈文化斷裂——商務印書館〉中，他說「它（商務）是文化，——這個牌號所象徵的全部文化」；在〈商務印書館百年——關於張元濟，他的理想和他的探索的若干思考〉，說張元濟選擇了一條獨特的道路，開發民智，振興中華，提高全民素質的理想。在〈張元濟的理想與商務印書館的現實〉，說「張元濟懷着一個不平常的理想進入出版界，——一個很普通、很實際卻又不平常的理想。」「振興中華之道就是通過文化教育傳播手段去喚醒沉睡的黎民，達到萬眾一心拯救危亡的目的。」「最廣大民眾進行開發民智的基礎教育，才能夠拯救這個昏睡的老大帝國。」「昌明教育，不止是一般的傳播知識，而着重『國民精神』的深入人心。」

三聯和商務在陳原老眼中，同時兼救亡與啟蒙，只是側重不同，表現形態不一樣而已，合併去看，就是中國近代出版文化發展過程的全貌、原貌。

通過陳原老對三聯和對商務這中國兩家著名出版社的詮釋，可以了解他對整個中國出版文化的整體認識和體驗。

正如史學家所說的，近百年來，啟蒙和救亡是中國近代知識份子最重要的兩大主流思想。陳原老對於救亡與啟蒙，有一個說法。「我最近也讀到一些海外不知是不是共和國同

齡人的文章，他們慨歎救亡者的悲哀，說什麼學者們那時熱衷於救亡，所以學術就消亡了。」他進而說，當民族的生死存亡成為現代的最強音時，難道作為中國人的文藝家或學術家，能置身於救亡之外嗎？他更強調說，如果回到二十年代，要他再選擇要走的道路，他還是選擇他走過的道路。這是他對自己一生的一個界定，一個定論，和一個肯定。

陳原老過世以後，我反而對他的認識更深。我覺得他留下關於編輯出版的著作是應該再讀的。特別是當前中國出版界走到這一步，重溫陳原老對出版的看法，是非常有意義的。我在 1997 年寫了一篇對二十年來日本出版的體驗的文章，內中我曾經說過，直到二十世紀七十年代，日本的經濟的發達，日本科學文化的進步，日本的出版起到了很大的作用。對最近十年日本整個社會文化的下降，出版也應負非常重的責任。比對當前日本，以及中國內地和台灣地區的編輯出版，我覺得重讀陳原老闡釋三聯與商務，於我們從事出版的人，會增加對出版本質的理解。

當然我覺得作為一個知識份子，陳原老的夢，他的理想，還沒有完成。我們國家現在愈來愈強大和發展，但我們的社會文明和民族人文素養，與現代世界的先進相差尚遠。啟蒙是一百年來我國知識份子的期望，至今還沒有完成，即是陳原老的夢還沒有完成。他的夢也提供了我們很多思考的

空間。他對理想終身不渝的追求，也是值得我們學習和敬仰的。

原載《中國新聞出版報‧書情週刊》，2007 年 10 月 17 日。

近代革命知識份子的足音
——讀《陳原散文》

　　識其人，而讀其書，兩相互證，對作者的心跡、對書的內容蘊義，應該最得達詁。但是，世事往往不盡然，甚至非常親近的人也有會不盡了解的地方和時候。最近讀了陳原先生的《陳原散文》，對此即深有體會。

　　與陳原先生交往有十六七年了，與他傾談的機會也不少。他多采的閱歷、豐富的經驗、廣博的知識，加上説話的風趣和話語中閃爍的智慧，與他談天是暢快的，獲益也匪淺，十多年來的感覺如此。

　　陳原先生勤於讀書著述。關於語言的、出版文化的、閱讀評論的，用中文撰寫的或是用外語撰寫的，不一而足，或蒙他賜贈或自己購買，他近年的著作我全翻讀過。這裏説是翻讀，是實情。意思是有讀有翻的，不管是單本的專著還是一本書中的不同文章，陳原先生的著述，題材涉及面廣，撰述形式多樣。即使是一本散著的結集，內容題材也是繁富的。對我來説，有時只能翻翻，不能盡讀：一方面，一些文

章非我閱讀興趣所在，如音樂、遊記、俄國的文學和人事等等；一方面，是我不懂的，如社會語言學、世界語等等。總的來說，作品給我留下的是博學多才、好學深思的印象，十多年的感覺如此，亦僅此而已。

讀了新近出版的《陳原散文》，才軼出了過往對作者及其作品的「亦僅此而已」的認識。

《陳原散文》是作者精挑幾十年近百篇散文的結集。內容誠如作者所說，有「發議論的，懷念友人、評論古人或今人的，記錄遊蹤的，談論語詞的，講音樂的，等等」。書讀畢，腦海浮現的是一個近代型革命知識份子清晰的形象：一篇篇的文章，呈現的原來又是一個近代啟蒙者的足音。連帶促進了我對近代史有了進一步的理解，完備了我對近代文化思想發展的認識。

筆者在拙著《五四新文化運動的源流》中，曾有這樣的看法，認為從十九世紀末到二十世紀的首兩個十年，即從 1900 年到 1920 年的二十年間，是中國第一代近代型革命知識份子的形成和成長期。這一代近代型革命知識份子一經形成，立刻躍登歷史的舞台，成為這二十年間的主要革新力量。這二十年，正貫穿了辛亥革命和五四運動的兩個歷史時期，作為上述兩個歷史運動的主導和主體力量，正是這種新興的知識份子。這種近代型的革命知識份子有着明顯的歷史

性格。第一，他們新舊學問兼備，中外知識兼通，重視文化教育，對中西文化的對比有強烈的感覺，一生孜孜以求現代化文明的創建。第二，他們是實際投身政治和社會活動的革命者或革新者，並非坐而論道，書生議政之流。他們一生也致力於思想文化的啟蒙工作，自始並同時充當了救亡者和啟蒙者的雙重角色，革命與啟蒙並舉。這種革命知識份子的出現和他們的歷史性格的形成，完全是二十世紀中國所面臨的國勢凌夷、現代文化落後的雙重困局的歷史因素所造成的。在近代歷史中，這種近代型的革命知識份子發揮了主導和主體作用的，亦只能是二十世紀初即辛亥五四時期前後的三十年間。不過，如果仔細思考一下，我們會清楚認識到，像這樣兼具政治社會革命與文化的啟蒙雙重角色的革命知識份子，三十年代以後，雖成不了主導和主體力量，但依然流衍不絕，其存在幾與二十世紀相始終，現在尚得見其餘緒。一個個人物的捉摸一下，會發現一列可供研究的人脈譜系。舉例說，前一點的如胡愈之先生，晚一點如陳原先生等一輩的思想行為，仍然屬於二十世紀之初塑造而成的近代型革命知識份子的胤子。

讀陳原先生的文章，不難窺見他是以革命自許的。事實上他自大學時代開始，即投身政治和社會活動，終身不渝。稱他為革命知識份子應不為過。

　　他這本《陳原散文》，反映的就是一個近代啟蒙者的足音。用這種觀點去透視他的作品，容易發現，文集題材雖然廣泛，但中心思想一以貫之，無不汲於求腐舊思想的革除，新思想文化的誘導，一言以蔽之，在於啟蒙。《陳原散文》的啟蒙思想的性質，也能開闊我們對近代啟蒙內容的認識。以往所說啟蒙，總偏向較高層次的文化思想。其實，從一般文化的修養，到生活文化的態度，只要關乎全民族和民眾素質的提高的，只要關乎現代文明普及的，都屬啟蒙之列。正如陳原先生相信的，「沒有文明就沒有現代化」（〈無題〉），這是中國近代啟蒙者一生一心的所繫所求。

　　世界的視野、國際的胸襟，也是中國近代啟蒙者的知識和思想的普遍特徵。這一類型的知識份子，重視外國的知識和學問，有開闊的世界視野。在文化思想上，他們都具有糅合中外文化思想的開放精神。他們熱愛國家和民族，一生並為之奮鬥獻身。但他們並不狹隘。他們所具備的是一種具有國際精神的民族主義和愛國思想，這種特徵，在作為二十世紀革命知識份子餘緒的陳原先生一輩人，猶可以看到。文集中，他談人物、記遊蹤、論文學、說語詞等等，無不顯露作者的世界視野和國際精神。即在抗日戰爭時期，民族主義高揚的時候，這種啟蒙者仍不失其堅持世界視野、保持國際精神的思想性格。很多中外研究者，時常將近代人物的民族主

義和愛國思想，與他們所具有的國際主義及世界視野的思想性質，對立起來看，論述自然難得正鵠，尤其是對一輩啟蒙者而言。五四時代的兩位啟蒙大家陳獨秀及胡適，常被糾纏於是民族主義者和國際主義者的討論上，多少是研究者不大了解中國近代啟蒙者的思想特徵所致。

理想、樂觀、進取、人道、勤奮、公義、善良、正直、希望、勞動、美好、激情、優雅、平等、奉獻、樸實、生活、愛國這一連串美好的價值，都是近代啟蒙者一生鍥而不捨追求的、頌揚的。人在青年時期，口中文內常出現這類詞藻，是容易理解的，是涉世未深的理想憧憬。像陳原先生年近八十，歷盡磨練滄桑，依然對之叨唸不休，唯一的解釋，這是基於啟蒙者終生固執的信念。對這些信念的執著，文集中的文章，無論寫於三十年代、四十年代還是九十年代，用詞和論調，是出奇的一致的，我們很容易聯想起陳獨秀的名篇〈告青年〉，文中大聲疾呼，要「自主的而非奴隸的；進步的而非保守的；進取的而非退隱的；世界的而非鎖國的；實利的而非虛文的；科學的而非想像的」。陳獨秀寫這篇文章已不算年輕，近四十歲的人了，也已幹了十幾年亡命的革命活動了。再過了二十年，陳氏已六十多歲了，仍激情澎湃的作長詩《告少年》。這充分表現了近代啟蒙者對他們一生所奉信念的固執。近代啟蒙者中如梁啟超、如胡適莫不如

此，他們往往保持着一派永遠的樂觀、理想和希望。《陳原散文》中無所不在的理想頌辭，是近代啟蒙者的一脈相承。所以陳原先生雖在嗟歎人生的黃昏，但仍然不會忘記說：「但我是真誠的，人到黃昏時分就有黃昏的語言，沒法子。——可是直到此刻，我心中仍然充滿着希望，我相信朝霞一定會出現的，一定會到來的。」

原載《文匯讀書週報》，1997 年 6 月 28 日。

陳原老一個未酬的志望

今年是陳原老百歲誕辰，北京商務印書館張稷女史邀稿、催稿，囑撰文以作紀念。私誼公義，實不容辭。

自陳老去世，寫過幾篇短長不一、紀懷述事的文章。從個人與他的交往，他的出版理念和貢獻，以至作為近代知識份子的志行，都曾有所表述。自忖對他的行事和思想，能說的大體都說了，少所賸義。

近日整理舊物，搜集了陳原老歷年贈送的著作，共聚同遊的照片，睹物思賢，多所興懷。最有價值的，竟找出他給我的幾封信。自認識陳原老以來，雖謂相隔南北，見面機會不算少，面談共話的機會也多。況且已到了熟不拘禮，隨意電話溝通，少靠書信往來。能找出陳原老的幾封信函，或許不全，還是很值得珍惜的。這是關於出版家陳原老的資料。

陳原老一生致力於出版和文化，晚年仍老驥伏櫪，志望不衰。其中，尤孜孜不倦，尋幽探賾，發掘和研究百年商務的館史，接二連三撰文，以弘揚二十世紀文化巨人蔡元培和

張元濟潛德之幽光。顯然，陳原老這些努力，不全在純粹的學術研究，更不在爭沒世之名，而旨在表彰前賢在出版和文化上的懷抱、努力與貢獻，以之曉示當今，啟牖來者。用心良美，昭昭人目。對於如何通過出版的構想和行動，以臻中國文化的進步，社會文明的提升，終身不渝。

2000 年 4 月 18 日的一封來信，內容所及，很值得介紹。這封信充分反映了陳原老晚年，在出版文化上的一項志望，可惜壯志未酬。同時也記錄了本人與陳原老為達成這個出版願望的共同努力，可惜終未成事，而留下遺憾。如能成就此事，對我而言，是在陳原老直接指導下極有價值的一項「書生事業」，而出版生涯，更形愜意了。

陳原老的來信，慣常是手寫。此函卻用電腦打字，信又長，可見老人家對來信的重視。

信很長，開頭和主要內容，是討論另一項新出版的大構想。信的最後一段內容，談及了復刊《東方雜誌》一事。信內，陳老的原話是這樣說的：

如真的在網上復刊《東方雜誌》，則我你兩人十年前長談一夜的設想，會有實現的可能。這真是人間一大快事故也！在進行這項工作之前，應確定復刊的網上《東方雜誌》的方針。依我淺見，可以

有兩種做法：一為網羅熱點人物，清〔請〕他們發表熱點文章，以干預政治社會生活為主旨，一舉而驚動世界；另一則為保持獨立之精神，自由之思想為宗旨，實行低調的潛移默化，從總體上提高民族的文明程度和民主風範。前者產生轟動效應，後者則要長年累月才見功效。我個人認為依循後者較適宜，較為符合商務的品格。不知以為如何？然而前者易編，後者難成，更需要耐力。

據不完全統計，全世界範圍內華文網上雜誌約有三百種之多，但大多數是個人的網頁，並非真正意義上的雜誌；至於擬議中的《東方雜誌》這樣大型商業—學術—文化刊物，則尚缺如。海外華人華裔約五千萬，估計一半不能讀寫華文，若能吸引能讀華文的海外人士二千分之一來訪問，則會有一萬人左右。內地上網人數約一千萬，若能吸引一千分之一訪問，則有一萬人。兩者相加為兩萬，如果創刊之初有此數的一半訪問者，可達一萬戶。如此，雖然數目很小，但要估計到即使很小，也會發生相當的影響，正所謂星星之火，可以燎原也！

辦雜誌需物色妥人，最主要是思想上志同道合者，否則啟動後難以為繼。至於我自己，人老矣，

只能敲敲邊鼓了，不能上陣打仗了。

而雜誌稿件應當序〔予〕付酬，且報酬不能太低，這又是虧本之道。

陳原老生前曾擬復刊《東方雜誌》網上版的設想，研究者已留意到。于淑敏女士曾發文言及此事。其實，陳原老與我欲復刊《東方雜誌》的設想，不自網絡版始。上引信內陳老所說「如真的在網上復刊《東方雜誌》，則我你兩人十年前長談一夜的設想，會有實現的可能。這真是人間一大快事故也！」陳原老記性真好。此信寫於 2000 年，謂「十年前」，如我記憶不誤，應是 1988 年。所謂「長談一夜」的原委是這樣的。

每次見到陳原老，我都會約他「密談」，談的都是關於出版文化的問題，無暇亦無意於其他。陳原老深知我對於出版文化，有一定的追求，也極願意傾聽並加以指點。他也不時談到他的一些出版新想法，有具體的構想，也鼓動我予以推動落實。這樣的例子很多。

時在香港中文大學任教的國際知名學者劉殿爵教授，主持開發了龐大的《中國古籍逐字索引叢書》工程，陳原老獲悉，促成中大與香港商務印書館合作出版。在上世紀九十年代初，陳原老已建議我們多出版些關於蔡元培和張元濟兩先

生的文獻，要從二十世紀文化建設的角度，認識近代中國的發展，識見卓越。同樣，每逢我自己有重大的出版構想和策劃，總找機會向他請教。

　　1986 年原香港商務印書館總經理兼總編輯李祖澤先生和原副總經理羅志雄兄上調籌組「香港聯合出版集團」，我以副總經理兼副總編輯的身份，實際主持香港商務的工作。兩年後履正。經過過往約十年的時間，香港商務印書館在李祖澤先生的主持下，不僅將奄奄一息的香港商務，扭轉了過來，重新出發，再現生機，而且大有揚舷啟航，乘風破浪之勢。我是在香港商務這種經營的基礎上接手的，也圖在此基礎上，盡自己的才智，承前啟後，進一步推動香港商務的發展。隨着內地的日益開放，帶來出版的勃勃生機；香港經濟和文化教育的上揚，可施為的空間增大；商務印書館的歷史重責和時代的使命；諸因素輻湊緣合，加上風華正茂，本着一股勇往直前的勇氣，雖只兩年的努力，無論在編輯出版以至圖書經營上，頗見順利，愈發激勵信心，不斷試圖有所突破和開拓。

　　其間，不知深淺，圖書出版之外，只盱衡國內外出版形勢和香港社會文化的現況，竟動了念頭，設想要在香港復刊《東方雜誌》。在近代影響深遠，又是商務印書館星光燦爛的品牌的《東方雜誌》，一直是我們之間談論商務印書館歷

史必及的內容。復刊的發想，也不是「長談一夜」而起的。其實之前與陳原老和李祖澤先生閒談或正式談論過的。我們三人，都任職商務印書館，對中國近代出版文化亦有相當的認識，《東方雜誌》在二十世紀中國，在學術、文化、教育以至時論的重要歷史意義，自然有一定的了解，復刊的願望，也覺得是一種責任。

　　在檢出的一張舊照片，也讓我清晰記起「長談一夜」之事。應該是 1988 年，趁陳原老來港之便，我邀他到中環的「鏞記」飯聚作「密談」。那次飯聚只我們兩人，主題也只有一個，要商定如何具體落實復刊的計劃，不要再停留於議論階段。那晚飯聚的具體日子反而記得很清楚，是農曆的十二月十六日，俗稱「尾牙」的晚上。傳統中國社會，很重視「尾牙」，香港社會仍保持此種傳統習俗，是晚家人都會趕回家與家人飯聚，傳統商店更會在店堂上設豐宴，店主連同家人與商店員工飲酒共飯。不知何故，我竟選擇該晚約了陳原老「密談」的，所以記憶份外深刻。點了什麼飯菜？倒是記不住了，年代久遠固有之，當晚倆人精神全放在談話上，希望談出個結果，所以商議得很詳細，由恢復《東方雜誌》的宗旨、方針、方案和具體的操作等等，都討論過。那晚真是「一夜長談」。飯談由六時半到十一時，整整的五個小時，直到店家打烊才罷。要談的事，意見都相當一致。最

重要的復刊宗旨和方針，大體意見一如陳老信中所說的第二個方案，是「走難走的路」。其他方面我們談得順意。雖謂大家同意第二個方案，考慮要繼承作為綜合性的《東方雜誌》的傳統風格，適當保留「時論時評」這樣的欄目還是需要的。問題是如何體現？不能只留虛語。所以我們反覆討論，要定出調門。最後意見，我們所謂的「時論時評」，重視的是學理的研究和理論的分析，以懲時下時評時論的學理不深，缺少探究，遊談無根；甚至出於偏見和情緒，任意雌黃。為坐實如此調門，並舉當時香港和內地熱門話題為例。一、其時香港社會，要否要建設大亞灣核電廠，議論紛紛。我們認為，雜誌可介入此課題的討論，邀請海內外學者專家，從世界的範圍，作學術的檢討，以提供堅實的學理基礎。二、另當時內地要推行「初級社會主義階段的經濟發展」的治國方略。我們也認為，雜誌也可邀請香港或海外一個治宏觀經濟的、一個治微觀經濟的學者，與內地相關要員，就如此重要國策作學理性上的訪談。既可向海內外詳細闡明國家理念所在，又能從海外學者的角度，提出關心的諸種問題。飯畢談罷，我們二人都很興奮。事後由我擬定詳細方案，呈交董事長李祖澤先生研究審批。年前我想起此事，擬找出此方案的文稿，可惜遍尋不獲。

　　在香港復刊《東方雜誌》的設想，終因時勢丕變，只好

押後考慮。其後圖書的出版與書店的經營，為應付新的出版形勢，計劃一個接一個的，再顧不上復刊《東方雜誌》此事了。但是對此設想，陳原老和我，都是念念不忘的，視之為在商務任職其間，如能完成，是一項大事業。十年後，因有建構數據庫和網絡出版的計劃，才有在網上復刊《東方雜誌》之議。最終，亦未成事。

作為要承繼商務印書館文化出版事業為己任的陳原老和我，於此樁志望，不無遺憾！

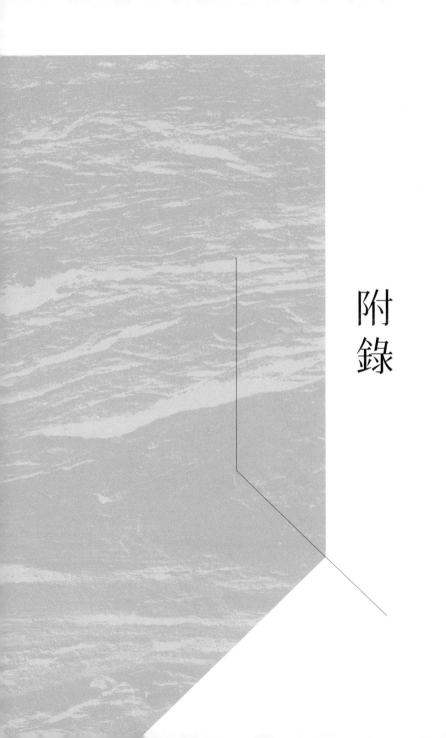

附錄

依然白髮一書生
——訪陳萬雄先生

潘翠華

　　相信大家對陳萬雄先生毫不陌生：作為聯合出版集團總裁，他經常來到我們身邊，指導工作，討論業務；作為出版家、文人學者，他經常外訪公開演講，著書立說，同時也接受兩岸三地以至不同媒體的訪問，對歷史文化、出版發展、閱讀學習、家庭教育、待人處世等題材侃侃而談。他的豐功偉績，他的文化理念，他的人生故事，無不公開在我們眼前。

　　然而在這次榮休專訪，陳先生流露了真情感性的一面，透露了鮮為人知的軼事，使訪談更形珍貴。已過耳順之年，這位以「依然白髮一書生」自居的出版人，雖已在書林耕耘三十三載，仍不忘年輕時的理想和抱負。

我對陳先生年青時的一幀照片，印象深刻。在黑框眼鏡中他目光如炬，可以看出他躊躇滿志。常為人津津樂道的是，陳先生在三十二歲進入香港商務印書館從事編輯工作時，已擁有香港中文大學文學士、哲學碩士的銜頭及修畢日本廣島大學博士，理應有更好的就業選擇。在現今世代的眼光看，他反而逆向而行，獨鍾於「薪低、辛苦、福利少」的出版行業。究竟出版業對他有什麼吸引力呢？這與他幼年時與書為伴有莫大關係，話題從陳先生的學習與閱讀之旅展開。

愛書如狂・承老師啟蒙之恩

「我是在 1946 年出身於珠三角的典型農村小孩，爸爸在我幼年時在海外。雖然我是獨生子，幸好我媽媽不會約束我，讓我與其他小孩一同游水、爬樹；另方面，在我入讀小學前，媽媽已教我認字、背詩，在婦女之中，她當時這樣做已很有文化。」

陳先生讀小二、三時，從圖書館借來《大人國與小人國》這本書，發燒得厲害也躺在床上看，腦海不斷出現幻象，令他有點疑幻疑真。「由小三開始，我便熱愛閱讀，初時是看連環圖，什麼《水滸傳》、《說岳》、《三國演義》等

等，後來便看現代小説了，例如：《鋼鐵是怎樣煉成的》、《三家巷》、《牛虻》、《野火春風鬥古城》、《青春之歌》等，這些書都很厚，但我小學時都看過了。我看書很瘋狂，圖書室沒有什麼書了，便到處向朋友借，舊小説、繡像小説、線裝書、彈詞、曲譜、詩集、連環畫等。我長大回鄉時，人們還記得我口袋裏一定有書的印象。」

談及他的兒時讀書景況，興致盎然。「小朋友們每隔一兩個星期，便步行幾個小時到虎門鎮去，買點糖果或什麼玩具的，我卻會到那兒的一間小書店，翻閱圖書和買書。」説到這兒，爽朗的「哈哈」笑聲不絕！陳先生回憶道：「我常常一面吃飯、一面看書，媽媽笑罵我以書拌飯。課餘也會躺在榕樹下、魚塘水榭附近閱讀，什麼書都看，但未必全部也看明白。」

「來港後，在元朗生活，開始閱讀愛情長篇小説、翻譯小説、報紙、雜誌等。唸小五、六時，每週也會閱讀《中學生週報》，以及較少人提及的《青年樂園》。」陳先生初中時已閱畢四大名著，開始閱讀台灣作家陳鼓應、李敖作品等。

陳先生有點遺憾地道，出身於書香世家的饒宗頤先生七歲便讀《詩經》，而他那個年紀只懂得看連環畫，如果當年有人指導他如何看書，相信對日後研究學問很有幫助。

「雖然如此，我會自豪的説：我是一個知識面頗廣的人。我中三時已看《明報月刊》等，當時《明報月刊》比現在艱深很多哩！中學時候，我對歷史文化、人文科學已經涉獵到可以做學問的層次。」在嶺南中學唸高中時，陳先生一度因為家境困難要輟學。一天一位同學跑來告訴他，學校給他助學金，讓他馬上回校復學。施以援手的是錢乃信校長。奇怪，陳先生與校長不熟，他的考試成績也不見出色。原來錢校長經常在校園內見到一位初中學生，手裏總拿着《明報月刊》，印象很深。錢校長對陳先生的班主任説：「這個人是可以唸書的。」

陳先生也是在學校圖書館借書最多的三名學生之一。陳先生感念錢校長對學生觀察入微，這位對培養學生有教育理念的校長，改變了他的人生。實際上，如果不是他自己勤於閱讀，伯樂又怎麼有機會認識千里馬呢？

陳先生看書是純粹出於對知識的好奇心。直至他進入新亞書院的時候，才知道如何有系統地做學問。「新亞書院內濃厚的人文精神和追求學問的慾望，以及對中國文化那種濃烈的愛好，加上王德昭老師、孫國棟老師、牟潤孫老師等的教導，提升了我們的視野。」有了對歷史、文化、藝術的知識基礎，加上新亞書院深厚的人文精神的氛圍下，促使陳先生立志，將來除了從事文化教育工作之外，別無他選。

心慕手追・投身出版業

　　陳先生大學剛畢業，遭逢經濟不景氣，所以一邊讀研究院時，一邊在日校和夜校執教鞭，打算儲蓄三年便到外國留學。「那是一間質素較低的私立學校，我面對的是中文水平很差的學生。雖然是兼職，但我仍很盡力教學，我的學生現在仍與我定期聯絡。這兩年教書經歷，使我對教育有很深刻的思考。教育與出版有共通，兩者都是知識傳播，出版人的責任，最重要是傳遞知識學問，令人明白。」

　　上世紀七八十年代正值日本出版業的黃金時代，陳先生適逢其時在當地留學，不單讓他重新認識中國，也了解到出版對一個國家和民族的重要性。「在日本，無論對人、對閱讀、對書店，都非常尊重。那時候日本出版業的蓬勃景象，真令人大開眼界！我心裏想，日本如此強盛，社會如此文明，出版對它起的作用很大！」

　　1979 年陳先生留學回港之後，曾向大學求職。當時他是學術雜誌《抖擻》的作者，也正在翻譯陳舜臣遊記《敦煌之旅》。正等待回音之際，蕭滋先生和李祖澤先生一起前來，說想重振香港的出版，邀請他進入三聯或商務工作。「老一輩負責人如藍真先生、李祖澤先生、黃毅先生和蕭滋先生等，他們對出版的使命感、對出版的熱誠，對推動出版

使國家走向現代化的一種強烈的願望，使我很受感動。雖然我實質上對出版實務不熟悉，但當他們邀請我投身出版業時，其實我已深諳出版背後的意義，所以並沒有太多猶豫。我們那一代都想為國家的強大和現代化做點事，假如出版和文化普及是一個現代化重要的途徑，我覺得透過出版，參與中國現代化的過程是很值得的。」

談及出版，陳先生即眉飛色舞地道：「我在商務工作了不幾年，先後策劃了《紫禁城宮殿》、《國寶》、《中國本草圖錄》等，《香港法律十八講》也極受歡迎，做出版可以滿足我對知識的慾望！我滿腦子是選題，覺得天地任我遨翔。」雖然後來大學有教職提供，也被陳先生一一婉拒了，因為他那時已經享受出版工作的各種樂趣，不考慮離開這個行業。

陳先生眼睛發亮地道：「當做出版獲得一定的成功後，體會到做人需要『立功、立德、立言』，『立德』不敢說了，最少我覺得出版很容易可以『立功』和『立言』，意思是你出版的書會影響人，是一種『立言』的工作。」

「為什麼要『立功』呢？因為出版是一門生意。如果有能力，所策劃的項目可能一年半載，甚至三個月便顯真章。我覺得在大學內，教近代史、教秦漢史，誰能知道哪人更有能力呢？這很難說，但如果那本書銷售成績好，便可以見到

你策劃力。我愈來愈享受這種成功感。」

「如果我在大學教書，可能終生在大學教歷史，終生都評論陳獨秀和胡適，用我的一生，去寫他們的一世。相對而言，出版的天地廣闊多了，這是從知識的層面和闊度、創造的機會和工作的挑戰去考慮的。」

書緣世誼‧與出版同道同行

上世紀八十年代，陳先生懷着理想進入商務印書館。然而，當時香港出版業剛剛起步，無論商務和三聯，環境和條件都很艱苦。可以想像，以陳先生的背景和見識，在這個環境下，心理素質比知識學歷來得重要。

他緩緩吐出一口氣道：「說得對，那時候的商務，出版量少、人才單薄，物資條件也不佳。但我尊重老同事們一生幾十年勤奮地工作，那種經驗很寶貴、很真誠。我只不過有機會接受高等教育，出外見識。要思考如何融入社群，在工作中發揮力量，才是重要，不應該因為知識水平的不同而影響合作。」

陳先生入職時，公司沒有僱用專責清潔的員工，由全體同事輪流值班，負責洗廁所、掃地、燒開水等。雖然他是認為有點不科學，但一律照做，因為不想被特殊照顧。「我從

商務到集團，基本上和老同事都合作愉快，我尊重他們，而我又能做到我想做的事。」

「我的上司李祖澤先生，他當時的企業精神和那種開拓的衝勁，我很欣賞！此外，營業主管曾國泰先生受正規教育不多，但熱愛閱讀。我們出差時通常同宿一房，晚間我們互換書來看，他看書絕對不少！我當時做編輯，他會提議我每本書應如何印、印多少、定價多少，估算十分準確。令我獲益良多。」

「坦白說，大家意見定會有分歧，我會盡量使用說服的方法。舉例如，以前公司並不輕易讓同事出差坐飛機，是由我第一個帶頭提出。我使用的是計細數的方法：我的薪水多少、出差所耗時日、可以處理事務等，理據便很清晰。又舉例如，當時有一本大畫冊叫《錦繡中華》，李先生擬在當中抽取一些熱門旅遊點的內容改編成中國風光類型的畫冊，派我先到日本洽售版權，結果當然不符合日本人的期望。我告訴李先生，想打入國際市場，這種水平是無法做到的。他問：『有什麼辦法？』我解釋道：『要聘用一流的攝影師，印刷要精美。』李先生就接納了我的意見。」

「集團有一個文化傳統，無論經歷了多少困難，集團人仍堅守專業精神和使命感，這是值得尊重的。只要心寬一點，覺得自己有道理，可以使用說服的方法，基本上從商務

到集團，我沒有遇到太大困難。」

　　在出版的職途中，總會有孤單的時候，但陳先生遇到一班出版界的前輩，勉勵他繼續走下去。「我入職商務七個月後，前北京商務總經理陳原先生來港訪問，隨後我受命護送他回京，通過陳原老，結識了陳翰伯、范用、李侃、吳澤炎、宋木文、劉杲等出版名宿，這些都是在教科書或圖書內才見到的名字，竟讓我從神往變成親炙，對我的影響很大。坦白說，如果沒有接觸京滬兩地這些出版人，可能我半途離隊也未定。我從他們的談吐之間，了解到出版對一個民族、國家的重要性，他們對出版文化的執著和經驗，真的啟發我，我覺得他們是有出版理想的『一代出版人』，堅定了我的出版心志。」

　　陳先生緬懷道：「我其實很享受和懷念八十年代到內地組稿的日子，與這麼多位出版、學術、文化名家交往，我真正從他們身上體會到一種文化、一種人格、一種理想，我能親炙這些賢士，是一個很愉快的人生文化歷程。」

扁擔兩頭‧大膽發揮創新精神

　　八十年代的確是香港出版業現代化的初級階段，存在很多拓展空間。陳先生帶領團隊憑過人的膽識和智慧，不斷推

陳出新，由出版大型畫冊、令商務門市現代化，到大膽斥資二千萬元採用 SAP 電腦系統等等，把握了寶貴的發展機會，一切讓人對「閱讀」作出了嶄新的詮釋。

「年青的我充滿熱誠、充滿理想、充滿幹勁，很有『大無畏』精神。我做事不甘於平庸。當時八十年代真的給我很大空間。但創意並不是魯莽的行為。我常引用胡適『大膽假設，小心求證』這句名言，當我認為企業需要有很重要的發展時，便全盤考慮，紮實去做。最初出版《紫禁城宮殿》，預算要耗費百萬元，是一筆很驚人的數字，超出了當時商務的能力！幸好商務由李先生主政，他有很強的開拓精神，在他的大力支持下，我和羅志雄等在負責的層面便勇於向前。」

陳先生的眼神突然變得有點狡黠：「如果有人研究我的營銷方案，我覺得《中國本草圖錄》是一個成功案例。這麼專業的內容，一套十冊四千七百元，什麼人會買呢？單向全港幾百位中醫推銷一定不行，要把這部專著結合實用性和觀賞性，才能被廣泛接受，最後它的銷量，竟能媲美其他暢銷畫冊！」

陳先生又再告訴我們另一個故事。他負責教科書出版，有一次牛津大學出版社負責人李慶生先生問他：「當商務在八十年代要搞教科書的時候，整個出版界由出版至零售同業

都不看好，但後來您一套、二套、三套都奏捷，大家十分驚訝。不知您的策略是什麼？」原來，他對教科書的內容曾作出適當調整，使老師更易於教授，加上先與幾間名校系主任和老師接洽，虛心請教，獲對方口頭承諾採用後，才放手交營銷團隊跟進。這個例子說明，做營銷規劃所花的心力和時間，絕不能少於圖書出版。

至於採用 SAP 系統，確是一個很大膽的行為，但陳先生深知要經營網上書店，一定要有一個強大的 ERP 電腦系統，才能減輕成本。「我多次主持思想動員大會，然後成立了十至二十人的決策組，不分晝夜去制定各項落實措施。任何門市現代化或進行 SAP，整個過程是很艱苦的，壓力很大，但同時我和團隊亦很用心處理每項細節。」

「做出版並不是一個行政指令，而是一個試驗，試驗難免有風險，不敢冒險的話，企業便不會成功。凡做生意的人，一定要有冒險精神，但必須要落實一個很周密的設計，保證它有效成功。」

陳先生把他的職途生涯與集團發展緊密連結。「八十年代開始，無論是集團本身，或是香港，或是整個大中華地區，是面向一個飛躍發展的時期。集團的成功，在於沒有錯過每一個機會，所以短短二三十年有所發展，對我來說也是一個機會。我在集團曾擔當一個角色，但集團今天的成功確

是有賴眾人的努力，這種精神應該保留——把握機會，全力以赴。」

兩個遺憾·述出版願景

1988 年聯合出版集團成立，他擔任董事職務，工作重心轉為集團的管理工作，逐步抽離所喜愛的編務工作，陳先生對此一直感到有些遺憾。「我是一個天生的出版人，富有創意，對編輯出版充滿了興趣，如果我一直做出版，可能在出版界很有成就。但最後公司要我做經營管理，這並不是我個人的意願。有一位同事曾告訴我，一談起選題，我便兩眼發光；如果改談經營管理，便會一邊抓頭皮，一邊皺眉頭。」談到這兒，大家都不禁笑起來。

在九十年代初，是傳統出版的革命時期，是顛覆教育的時代。陳先生不諱言，他很想成為從傳統出版到二十一世紀多媒體網絡出版的一個先驅和創造者。「如果我繼續在多媒體教育或立體出版的層面做下去，很有可能成為一位創造者，這是我背後的野心。最後未能如願以償，我覺得是一個遺憾。所以，我現在正構思一套系統，會充分利用出版累積下來的資源。」

陳先生既然在賣關子，我們也只能期待着他推出的新

作。正擬繼續發問時，陳先生突然搶着說，「還有！還有一個遺憾！」

「我到商務後，抱有一個很大的願望，想復辦二十世紀由商務出版的《東方雜誌》，因為在中國和海外，至今未有一份同類的綜合、高水準、對文化教育推動這麼大的雜誌。我曾經在 1986 年至 1987 年與陳原老策劃在海外復辦《東方雜誌》，那方案很詳盡，有數十頁紙，惜商務一直找不回那個檔案。」他一再強調，這件事至今仍未做到，是一個遺憾。

幾個囑咐·望集團發展更上一層樓

陳先生在三十三年工作中，見證了集團的發展，同時亦體會到香港閱讀氛圍的變化。觀照今天集團發展，已經達至一定成熟的階段。即或如此，面對劇烈的競爭，他認為不應有絲毫鬆懈。

「如果說，八十年代是集團處於開創的時期，時至今天這個規模，當然是一個守業期。俗語有云：『創業難，守業更難。』正如辛辛苦苦把石頭推上山，一鬆手石頭便輕易滾下去。現在家業做得這麼大，基礎比八十年代好多了，但我們要有一種危機感，守業很難，一跌便跌得很快！我覺得所有同事在心理上要有這種危機感和醒覺。」

「第二，由於我讀歷史，我知道保守式的狩獵是守不住家業的。所謂守業，是在基礎下的不斷開拓、發展，這才叫守業，開拓才能守成。成功不單是一種意念、還要一種想法，超越別人，把意念和想法變成一個結果，過程很重要！我不否認，在芸芸的發展中，洞悉先機很重要，但這只是成功的一半；另一半是要如何落實做出來。」

有同事擔心，現代人經常使用手機，不肯花時間靜下來閱讀，出版這個行業會否漸漸消亡呢？陳先生客觀地分析，這只是閱讀方式的改變。

「第一，我認為真真正正的閱讀主流或知識的傳遞渠道，到今天為止仍然是傳統圖書，網絡那部分只不過是資訊。書店仍然是追求系統知識、系統學問的最大和最重要場所。過往的各種娛樂方式，乃至現今看電視、網上消遣，都不會影響這些對知識有渴求的人愛好閱讀，只是一種分流的形式。」

「第二，我認為出版和書店是不會消亡，但因為科技發達，它們的生存會改變形式，現在是過渡時期，在過渡時期的生態發展不是向左走或向右走，而是向前走。換言之，出版業會因應時代和技術，傳播媒體的變化而出現新的形態。所以，出版行業最終還是不會消亡，只是其形式肯定會改變。」

「試想想，如果在一個社會，大部分人只追求資訊，沒有人追求系統的學問和完整的知識，這會變成怎樣的一個世界呢？」陳先生寄語同事，做事要盡心盡性，凡事不要問有多少回報，盡力做好，只要不要違反自己的天性就好。

家人包容・減後顧之憂

陳先生一生鍾愛圖書、熱愛文化。除此之外，他還是丈夫以及一對子女的父親。在全情投入事業的過程中，他承認過去的二三十年，其實難以平衡工作與家庭的責任，說到這兒，他臉上不禁流露出愧疚之情。「過去三十幾年，我是沒有週六、日的，假日與家人飲茶後，子女回家做功課，我便去巡視店舖，加上經常出差，確實犧牲了部分我應該履行的家庭責任。」

話雖如此，遇上子女的人生大事，陳先生也會千方百計擠出時間，陪伴他們。「我女兒讀中三後，我們每天談話不到五句，我很奇怪，因為父女通常很親密的。女兒到美國留學時，當時太太還在教書，不能送她去，我便立刻申請假期，陪她赴美報到，當時心裏覺得是一種補償。」後來女兒寫了一封信給他，說出心底話：「爸爸，我心裏一方面很尊敬您，但另一方面又不知道該說些什麼好。有時候見您很晚

才回家,累倒在梳化上睡着了,不敢打擾您。」簡單一封信,道出他當時的情況,令陳先生既感動又內疚。

「所以,榮休晚宴那晚,我首次公開感謝我的家人,包括我的爸爸,沒有他們的容忍和體諒,我做不到這麼多工作!」聽到他感性的分享,不無動容。

永不言休·追夢的下一站

陳先生現在終於退下來了,將來有什麼計劃呢?他想了半晌,道:「我退休後,最重要的當然是過逍遙的生活啦!哈哈!畢竟肩負壓力幾十年了,隨着年紀漸大,體力已大不如前。除此之外,做文化工作仍然是我最大的興趣,中國開放了三十年,文化基礎工程做得好的話,會影響中國人日後的命運,所以我的餘生想做文化性的工作。其中,我已答應了中華文化促進中心負責推廣饒宗頤文化館,這是一個很大的項目!」

除此之外,陳先生對集團企業義工隊顧問一職,義不容辭。「香港以往的教育缺乏這種無償的義工服務。每個人應該對社會無償作出貢獻,所以我很贊成以集團的角度,鼓勵同事自發參與。」

「我很喜歡文化旅遊,希望我仍走得動時,可以更多地

體會人類文明的發展，記錄成書。此外，我正構思一個有關
出版革命的試驗項目⋯⋯」

　　陳先生永遠對人生有積極追夢的理想。我們對陳先生獻
上最誠摯的祝福。希望陳先生繼續以「一介書生」的身份，
熱愛讀書，熱愛生活！

原載《編輯學刊》，2014 年第一期。

後記

　　此冊選錄的文章，集中在有關中國歷史文化圖書的策劃、編輯和出版方面的事情，雖未涵蓋個人幾十年在出版和圖書事業生涯的全部，卻是個人一生志趣事功的重心所在。

　　自少嗜書，尤好文史。終身以中國歷史文化的研究為專業，以編輯出版為事業，且能寓志業於功業，相得益彰。所選輯的文章，固然反映了幾十年出版生涯中的一些可記可述的人與事。然而筆者更願意藉此表述在這幾十年中，對中國歷史文化的探索、理解，並通過出版予以弘揚的心路歷程。雖云是個人的心路歷程，其實反映的卻是這幾十年中國歷史文化所走過的軌跡。

　　正是這幾十年，在中國歷史文化與文明史的研究上，尤其因為考古的發現與研究，中國文明史出現了全新的圖像。筆者有幸，走出了書齋，跳出了文獻，親炙名家，走遍了大江南北，體驗南船北馬的風土，問學於博物考古；更湊合科技的日新月異，民族文化復興的勢頭。「遇上好時光」，「春江水暖鴨先知」，俾身預出版新潮，得將中國文明史新的圖像弘揚於中國社會，播種於國際。幸甚快哉，不虛此生。

四書人語

遇上好時光

陳萬雄 ｜著

書 與 人 的 故 事

責任編輯 黎耀強

裝幀設計 簡雋盈

排　版 陳美連

印　務 林佳年

出版

中華書局（香港）有限公司

香港北角英皇道 499 號北角工業大廈 1 樓 B

電話：（852）2137 2338

傳真：（852）2713 8202

電子郵件：info@chunghwabook.com.hk

網址：http://www.chunghwabook.com.hk

發行

香港聯合書刊物流有限公司

香港新界荃灣德士古道 220 - 248 號

荃灣工業中心 16 樓

電話：（852）2150 2100

傳真：（852）2407 3062

電子郵件：info@suplogistics.com.hk

印刷

美雅印刷製本有限公司

香港觀塘榮業街 6 號海濱工業大廈 4 樓 A 室

版次

2023 年 7 月初版

©2023 中華書局（香港）有限公司

規格

16 開（195mm x 140mm）

ISBN

978-988-8860-31-9